TRANZLATY

La Langue est pour tout le Monde

le Monde

言語はすべての人のためのもの

Le Manifeste communiste

共産党宣言

Karl Marx
&
Friedrich Engels

Français / 日本語

Copyright © 2025 Tranzlaty
All rights reserved.
Published by Tranzlaty
ISBN: 978-1-80572-368-4
Original text by Karl Marx and Friedrich Engels
The Communist Manifesto
First published in 1848
www.tranzlaty.com

Introduction
紹介

Un spectre hante l'Europe : le spectre du communisme
ヨーロッパには共産主義の亡霊が取り憑いている
Toutes les puissances de la vieille Europe ont conclu une
sainte alliance pour exorciser ce spectre
古いヨーロッパのすべての列強は、この亡霊を祓うため
に神聖な同盟を結びました
Le pape et le tsar, Metternich et Guizot, les radicaux français
et les espions de la police allemande
教皇と皇帝、メッテルニヒとギゾー、フランスの急進派
とドイツの警察スパイ
Où est le parti dans l'opposition qui n'a pas été décrié
comme communiste par ses adversaires au pouvoir ?
野党の政党で、権力の座にある敵対者から共産主義的だ
と非難されていない政党がどこにあるのか。
Où est l'opposition qui n'a pas rejeté le reproche de marque
du communisme contre les partis d'opposition les plus
avancés ?
共産主義の烙印を押された非難を、より進歩した野党に
対して投げ返さなかった野党はどこにいるのか。
Et où est le parti qui n'a pas porté l'accusation contre ses
adversaires réactionnaires ?
そして、反動的な敵対者を非難しない党はどこにいるの
か。
Deux choses résultent de ce fait
この事実から2つのことが起こります
I. Le communisme est déjà reconnu par toutes les puissances
européennes comme étant lui-même une puissance
I. 共産主義は、すでにすべてのヨーロッパ列強によって
、それ自体が大国であると認められている
II. Il est grand temps que les communistes publient
ouvertement, à la face du monde entier, leurs vues, leurs
buts et leurs tendances

II. 共産主義者は、全世界を前にして、自らの見解、目的、傾向を公然と公表すべき時である

ils doivent répondre à ce conte enfantin du spectre du communisme par un manifeste du parti lui-même

彼らは、共産主義の亡霊というこの童話に、党そのもののマニフェストで立ち向かわなければならない

À cette fin, des communistes de diverses nationalités se sont réunis à Londres et ont esquissé le manifeste suivant

この目的のために、さまざまな国籍の共産主義者がロンドンに集まり、次の宣言をスケッチしました

ce manifeste sera publié en anglais, français, allemand, italien, flamand et danois

このマニフェストは、英語、フランス語、ドイツ語、イタリア語、フラマン語、デンマーク語で発行されます

Et maintenant, il doit être publié dans toutes les langues proposées par Tranzlaty

そして今、それはTranzlatyが提供するすべての言語で出版される予定です

Les bourgeois et les prolétaires
ブルジョアとプロレタリア

L'histoire de toutes les sociétés qui ont existé jusqu'à présent est l'histoire des luttes de classes

これまで存在したすべての社会の歴史は、階級闘争の歴史である

Homme libre et esclave, patricien et plébéien, seigneur et serf, maître de guilde et compagnon

自由人と奴隷、貴族と平民、領主と農奴、ギルドマスターとジャーニーマン

en un mot, oppresseur et opprimé

一言で言えば、抑圧者と被抑圧者です

Ces classes sociales étaient en opposition constante les unes avec les autres

これらの社会階級は、互いに絶えず対立していた

Ils se sont battus sans interruption. Maintenant caché, maintenant ouvert

彼らは途切れることなく戦い続けた。非表示になり、開くようになりました

un combat qui s'est terminé par une reconstitution révolutionnaire de la société dans son ensemble

この戦いは、社会全体の革命的な再構成に終わった

ou un combat qui s'est terminé par la ruine commune des classes en lutte

あるいは、対立する階級の共通の破滅に終わった戦い

Jetons un coup d'œil aux époques antérieures de l'histoire

歴史の初期の時代を振り返ってみましょう

Nous trouvons presque partout un arrangement compliqué de la société en divers ordres

私たちは、ほとんど至る所で、社会が様々な秩序に複雑に配列されているのを見出す

Il y a toujours eu une gradation multiple du rang social

社会的地位には、常に多様なグラデーションがあった

Dans la Rome antique, nous avons des patriciens, des chevaliers, des plébéiens, des esclaves

古代ローマには、貴族、騎士、プレブス、奴隷がいます

au Moyen Âge : seigneurs féodaux, vassaux, maîtres de corporation, compagnons, apprentis, serfs

中世:封建領主、家臣、ギルドマスター、職人、見習い、農奴

Dans presque toutes ces classes, encore une fois, les gradations subordonnées

これらのクラスのほとんどすべてで、繰り返しになりますが、従属的なグラデーションです

La société bourgeoise moderne est née des ruines de la société féodale

近代ブルジョアジー社会は、封建社会の廃墟から芽生えた

Mais ce nouvel ordre social n'a pas fait disparaître les antagonismes de classe

しかし、この新しい社会秩序は、階級対立をなくしたわけではない

Elle n'a fait qu'établir de nouvelles classes et de nouvelles conditions d'oppression

それは、新しい階級と新しい抑圧条件を打ち立てたにすぎない

Il a mis en place de nouvelles formes de lutte à la place des anciennes

それは、古い闘争に代えて、新しい闘争形態を確立した

Cependant, l'époque dans laquelle nous nous trouvons possède un trait distinctif

しかし、私たちが置かれている時代には、一つの特徴があります

l'époque de la bourgeoisie a simplifié les antagonismes de classe

ブルジョアジーの時代は、階級対立を単純化した

La société dans son ensemble se divise de plus en plus en deux grands camps hostiles

社会全体は、ますます2つの大きな敵対陣営に分裂しています

deux grandes classes sociales qui se font directement face : la bourgeoisie et le prolétariat

ブルジョアジーとプロレタリアートという2つの大きな社会階級が直接対峙している

Des serfs du Moyen Âge sont sortis les bourgeois agréés des premières villes

中世の農奴から、最古の町の勅許された盗賊が生まれた

C'est à partir de ces bourgeois que se sont développés les premiers éléments de la bourgeoisie

これらのバージェスから、ブルジョアジーの最初の要素が発展しました

La découverte de l'Amérique et le contournement du Cap

アメリカの発見とケープの丸みを帯びた

ces événements ont ouvert un nouveau terrain à la bourgeoisie montante

これらの出来事は、台頭するブルジョアジーに新たな地平を切り開いた

Les marchés des Indes orientales et de la Chine, la colonisation de l'Amérique, le commerce avec les colonies

東インドと中国の市場、アメリカの植民地化、植民地との貿易

l'augmentation des moyens d'échange et des marchandises en général

交換手段と商品一般の増加

Ces événements donnèrent au commerce, à la navigation et à l'industrie une impulsion jamais connue jusque-là

これらの出来事は、商業、航海、および産業に、これまで知られていなかった衝動を与えました

Elle a donné un développement rapide à l'élément révolutionnaire dans la société féodale chancelante

それは、よろめく封建社会の革命的要素に急速な発展を与えた

Les guildes fermées avaient monopolisé le système féodal de la production industrielle

閉鎖的なギルドは、封建的な工業生産システムを独占していた

Mais cela ne suffisait plus aux besoins croissants des nouveaux marchés

しかし、これはもはや新しい市場の増大する欲求には十分ではありませんでした

Le système manufacturier a pris la place du système féodal de l'industrie

生産システムは、封建的な産業システムに取って代わりました

Les maîtres de guilde étaient poussés d'un côté par la classe moyenne manufacturière

ギルドマスターは製造業の中産階級によって一方の側で押された

La division du travail entre les différentes corporations a disparu

異なる企業ギルド間の分業は消滅した

La division du travail s'infiltrait dans chaque atelier

分業は各作業場に浸透していた

Pendant ce temps, les marchés ne cessaient de croître et la demande ne cessait d'augmenter

その間、市場は成長を続け、需要は高まり続けました

Même les usines ne suffisaient plus à répondre à la demande

工場でさえ、もはや需要を満たすのに十分ではありませんでした

À partir de là, la vapeur et les machines ont révolutionné la production industrielle

そこで、蒸気と機械が工業生産に革命をもたらしました

La place de fabrication a été prise par le géant de l'industrie moderne

製造の場は、巨大なモダン・インダストリーに奪われました

La place de la classe moyenne industrielle a été prise par des millionnaires industriels

産業中産階級の地位は産業の億万長者によって奪われた

la place de chefs d'armées industrielles entières ont été prises par la bourgeoisie moderne

全産業軍隊の指導者の地位は、近代ブルジョアジーによって奪われた

la découverte de l'Amérique a ouvert la voie à l'industrie moderne pour établir le marché mondial

アメリカの発見は、近代産業が世界市場を確立するための道を開きました

Ce marché donna un immense développement au commerce, à la navigation et aux communications par terre

この市場は、商業、航海、および陸路による通信に大きな発展をもたらしました

Cette évolution a, en son temps, réagi à l'extension de l'industrie

この発展は、その時代に、産業の拡張に反応しました

elle a réagi proportionnellement à l'expansion de l'industrie et à l'extension du commerce, de la navigation et des chemins de fer

それは、産業がどのように拡大し、商業、航海、鉄道がどのように拡大したかに比例して反応した

dans la même proportion que la bourgeoisie s'est développée, elle a augmenté son capital

ブルジョアジーが発展したのと同じ割合で、彼らは資本を増やした

et la bourgeoisie a relégué à l'arrière-plan toutes les classes héritées du Moyen Âge

そしてブルジョアジーは、中世から受け継がれてきたあらゆる階級を背景に押しやった

c'est pourquoi la bourgeoisie moderne est elle-même le produit d'un long développement

それゆえ、近代ブルジョアジーは、それ自体が長い発展過程の産物である

On voit qu'il s'agit d'une série de révolutions dans les modes de production et d'échange

それは生産様式と交換様式における一連の革命であることがわかります

Chaque étape du développement de la bourgeoisie
s'accompagnait d'une avancée politique correspondante
ブルジョアジーの発展段階は、それに対応する政治的前
進を伴った
Une classe opprimée sous l'emprise de la noblesse féodale
封建貴族の支配下にある抑圧された階級
Une association armée et autonome dans la commune
médiévale
中世のコミューンにおける武装した自治団体
ici, une république urbaine indépendante (comme en Italie
et en Allemagne)
ここでは、独立した都市共和国(イタリアやドイツのよ
うに)
là, un « tiers état » imposable de la monarchie (comme en
France)
そこには、君主制の課税対象の「第三の財産」(フラン
スのように)
par la suite, dans la période de fabrication proprement dite
その後、適切な製造期間に
la bourgeoisie servait soit la monarchie semi-féodale, soit la
monarchie absolue
ブルジョアジーは半封建制か絶対君主制のいずれかに仕
えた
ou bien la bourgeoisie faisait contrepoids à la noblesse
あるいは、ブルジョアジーは貴族に対するカウンターポ
イズとして機能した
et, en fait, la bourgeoisie était une pierre angulaire des
grandes monarchies en général
そして実際、ブルジョアジーは大君主制全般の礎石であ
った
mais l'industrie moderne et le marché mondial se sont
établis depuis lors
しかし、近代産業と世界市場はそれ以来確立されました
et la bourgeoisie s'est emparée de l'emprise politique
exclusive

そして、ブルジョアジーは、排他的な政治的支配権を自ら征服した

elle a obtenu cette influence politique à travers l'État représentatif moderne

それは、近代的な代議制国家を通じて、この政治的影響力を達成した

Les exécutifs de l'État moderne ne sont qu'un comité de gestion

近代国家の執行部は、管理委員会にすぎない

et ils gèrent les affaires communes de toute la bourgeoisie

そして、彼らはブルジョアジー全体の共通の問題を管理する

La bourgeoisie, historiquement, a joué un rôle des plus révolutionnaires

ブルジョアジーは、歴史的に見て、最も革命的な役割を演じてきた

Partout où elle a pris le dessus, elle a mis fin à toutes les relations féodales, patriarcales et idylliques

優位に立ったところでは、封建的、家父長的、牧歌的な関係に終止符を打った

Elle a impitoyablement déchiré les liens féodaux hétéroclites qui liaient l'homme à ses « supérieurs naturels »

それは、人間を「生まれながらの上司」に縛り付けていた雑多な封建的な絆を情け容赦なく引き裂いた

et il n'y a plus de lien entre l'homme et l'homme, si ce n'est l'intérêt personnel

そしてそれは、むき出しの私利私欲以外に、人間と人間の間に何のつながりも残さなかった

Les relations de l'homme entre eux ne sont plus qu'un « paiement en espèces » impitoyable

人間同士の関係は、無神経な「現金支払い」に過ぎなくなってしまった

Elle a noyé les extases les plus célestes de la ferveur religieuse

それは、宗教的熱情の最も天国的な恍惚感を溺れさせま
した

elle a noyé l'enthousiasme chevaleresque et le
sentimentalisme philistin
それは騎士道的な熱狂とペリシテのセンチメンタリズム
を溺れさせました

Il a noyé ces choses dans l'eau glacée du calcul égoïste
それは、利己的な計算の氷水にこれらのものを溺れさせ
ました

Il a transformé la valeur personnelle en valeur échangeable
それは個人の価値を交換可能な価値に分解した

elle a remplacé les innombrables et inaliénables libertés
garanties par la Charte
それは、数え切れないほどの、定義しがたい勅許された
自由に取って代わった

et il a mis en place une liberté unique et inadmissible ;
Libre-échange
そして、それは単一の、非良心的な自由を打ち立てた。
自由貿易

En un mot, il l'a fait pour l'exploitation
一言で言えば、搾取のためにこれをやったのです

Une exploitation voilée par des illusions religieuses et
politiques
宗教的・政治的幻想に覆われた搾取

l'exploitation voilée par une exploitation nue, éhontée,
directe, brutale
むき出しの、恥知らずな、直接的で、残忍な搾取によっ
てベールに包まれた搾取

la bourgeoisie a enlevé l'auréole de toutes les occupations
jusque-là honorées et vénérées
ブルジョアジーは、それまで栄誉と尊敬を集めていたあ
らゆる職業から光輪を剥ぎ取った

le médecin, l'avocat, le prêtre, le poète et l'homme de science
医者、弁護士、聖職者、詩人、そして科学者

Il a converti ces travailleurs distingués en ses travailleurs salariés

中国は、これらの著名な労働者を有給の賃金労働者に変えた

La bourgeoisie a déchiré le voile sentimental de la famille

ブルジョアジーは家族から感傷的なベールを引き裂いた

et elle a réduit la relation familiale à une simple relation d'argent

そして、それは家族関係を単なる金銭的関係に還元してしまった

la brutale démonstration de vigueur au Moyen Âge que les réactionnaires admirent tant

反動主義者が賞賛する中世の残忍な活力の誇示

Même cela a trouvé son complément approprié dans l'indolence la plus paresseuse

これでさえ、最も怠惰な怠惰にふさわしい補完物を見つけました

La bourgeoisie a révélé comment tout cela s'est passé

ブルジョアジーは、この全てがどのようにして起こったのかを暴露した

La bourgeoisie a été la première à montrer ce que l'activité de l'homme peut produire

ブルジョアジーは、人間の活動が何をもたらすことができるかを最初に示してきた

Il a accompli des merveilles surpassant de loin les pyramides égyptiennes, les aqueducs romains et les cathédrales gothiques

エジプトのピラミッド、ローマの水道橋、ゴシック様式の大聖堂をはるかに凌駕する驚異を成し遂げました

et il a mené des expéditions qui ont mis dans l'ombre tous les anciens Exodes des nations et les croisades

そして、かつての国々の出エジプトや十字軍のすべてを日陰にする遠征を行ってきました

La bourgeoisie ne peut exister sans révolutionner sans cesse les instruments de production

ブルジョアジーは、生産手段を絶えず革命することなしには存在し得ない

et par conséquent elle ne peut exister sans ses rapports à la production

したがって、それは生産との関係なしには存在し得ない

et donc elle ne peut exister sans ses relations avec la société

したがって、社会との関係なしには存在し得ません

Toutes les classes industrielles antérieures avaient une condition en commun

それ以前のすべての産業階級には、1つの共通条件がありました

Ils s'appuyaient sur la conservation des anciens modes de production

彼らは古い生産様式の保存に頼っていた

mais la bourgeoisie a apporté avec elle une dynamique tout à fait nouvelle

しかし、ブルジョアジーはまったく新しい力学をもたらした

Révolution constante de la production et perturbation ininterrompue de toutes les conditions sociales

生産の絶え間ない革命とあらゆる社会条件の絶え間ない撹乱

cette incertitude et cette agitation perpétuelles distinguent l'époque bourgeoise de toutes les époques antérieures

この永遠に続く不確実性と動揺は、ブルジョアジーの時代をそれ以前のすべての時代と区別する

Les relations antérieures avec la production s'accompagnaient de préjugés et d'opinions anciens et vénérables

以前の生産との関係には、古くからある偏見や意見が伴いました

Mais toutes ces relations figées et figées sont balayées d'un revers de main

しかし、これらの固定された、急速に凍結された関係はすべて一掃されます

Toutes les relations nouvellement formées deviennent archaïques avant de pouvoir s'ossifier

新しく形成されたすべての関係は、骨化する前に時代遅れになります

Tout ce qui est solide se fond dans l'air, et tout ce qui est saint est profané

固いものはすべて空気に溶け、聖なるものはすべて冒涜される

L'homme est enfin forcé de faire face, avec des sens sobres, à ses conditions réelles de vie

人間はついに、冷静な感覚、つまり人生の本当の条件と向き合うことを余儀なくされる

et il est obligé de faire face à ses relations avec les siens

そして、彼は自分の種族との関係に直面することを余儀なくされています

La bourgeoisie a constamment besoin d'élargir ses marchés pour ses produits

ブルジョアジーは、常にその製品の市場を拡大する必要があります

et, à cause de cela, la bourgeoisie est poursuivie sur toute la surface du globe

そして、このために、ブルジョアジーは地球の表面全体を追いかけている

La bourgeoisie doit se nicher partout, s'installer partout, établir des liens partout

ブルジョアジーは、どこにでも寄り添い、どこにでも定住し、どこにでもつながりを築かなければならない

La bourgeoisie doit créer des marchés dans tous les coins du monde pour exploiter

ブルジョアジーは、世界の隅々に市場をつくりだし、搾取しなければならない

La production et la consommation dans tous les pays ont reçu un caractère cosmopolite

各国の生産と消費には、コスモポリタンな性格が与えられています

le chagrin des réactionnaires est palpable, mais il s'est
poursuivi malgré tout
反動主義者の悔しさは明白であるが、それはそれにもか
かわらず続いている
La bourgeoisie a tiré de dessous les pieds de l'industrie le
terrain national sur lequel elle se trouvait
ブルジョアジーは、産業の足元から、ブルジョアジーが
立っている国家的基盤を引き出してきた
Toutes les anciennes industries nationales ont été détruites,
ou sont détruites chaque jour
古くからある国家産業はすべて破壊されたか、あるいは
日々破壊されつつある
Toutes les anciennes industries nationales sont délogées par
de nouvelles industries
老舗の国内産業は、すべて新しい産業に追い出される
Leur introduction devient une question de vie ou de mort
pour toutes les nations civilisées
それらの導入は、すべての文明国にとって生死に関わる
問題となる
Ils sont délogés par les industries qui ne travaillent plus la
matière première indigène
彼らは、もはや土着の原材料を加工しない産業によって
追い出されています
Au lieu de cela, ces industries extraient des matières
premières des zones les plus reculées
代わりに、これらの産業は最も遠隔地から原材料を引き
出します
dont les produits sont consommés, non seulement chez
nous, mais dans tous les coins du monde
その製品が家庭だけでなく、世界のあらゆる場所で消費
されている産業
À la place des anciens besoins, satisfaits par les productions
du pays, nous trouvons de nouveaux besoins
古い欲求の代わりに、国の生産物によって満たされ、新
しい欲求を見つけます

Ces nouveaux besoins exigent pour leur satisfaction les produits des pays et des climats lointains

これらの新しい欲求は、その満足のために、遠くの土地や気候の産物を必要とする

À la place de l'ancien isolement et de l'autosuffisance locaux et nationaux, nous avons le commerce

古い地方や国の隔離と自給自足の代わりに、私たちは貿易をしています

les échanges internationaux dans toutes les directions ; l'interdépendance universelle des nations

あらゆる方向での国際交流。国家の普遍的な相互依存

Et de même que nous sommes dépendants des matériaux, nous sommes dépendants de la production intellectuelle

そして、私たちが物質に依存しているように、私たちは知的生産に依存しています

Les créations intellectuelles des nations individuelles deviennent la propriété commune

個々の国家の知的創造物は共有財産となる

L'unilatéralité nationale et l'étroitesse d'esprit deviennent de plus en plus impossibles

国家の一面性、偏狭さはますます不可能になる

et des nombreuses littératures nationales et locales, surgit une littérature mondiale

そして、数多くの国や地方の文学から、世界文学が生まれます

par l'amélioration rapide de tous les instruments de production

すべての生産手段の急速な改善によって

par les moyens de communication immensément facilités

非常に容易な通信手段によって

La bourgeoisie entraîne tout le monde (même les nations les plus barbares) dans la civilisation

ブルジョアジーは、すべての(最も野蛮な国々でさえも)文明に引き込む

Les prix bon marché de ses marchandises ; l'artillerie lourde qui abat toutes les murailles chinoises

その商品の安い価格。中国全土の壁を打ち破る重砲

La haine obstinée des barbares contre les étrangers est forcée
de capituler

野蛮人の外国人に対する強烈な憎悪は降伏を余儀なくさ
れる

Elle oblige toutes les nations, sous peine d'extinction, à
adopter le mode de production bourgeois

それは、すべての国が、絶滅の苦痛を味わって、ブルジ
ョアジー的生産様式を採用することを強いる

elle les oblige à introduire ce qu'elle appelle la civilisation
en leur sein

それは彼らに、文明と呼ぶものを彼らの中に導入するこ
とを強いる

La bourgeoisie force les barbares à devenir eux-mêmes
bourgeois

ブルジョアジーは、野蛮人自身をブルジョアジーにする
ことを強制する

en un mot, la bourgeoisie crée un monde à son image

一言でいえば、ブルジョアジーは自らのイメージに倣っ
て世界を創造する

La bourgeoisie a soumis les campagnes à la domination des
villes

ブルジョアジーは、田舎を町の支配に服従させた

Il a créé d'énormes villes et considérablement augmenté la
population urbaine

それは巨大な都市を作り、都市人口を大幅に増加させま
した

Il a sauvé une partie considérable de la population de
l'idiotie de la vie rurale

それは、田舎の生活の愚かさから人口のかなりの部分を
救いました

mais elle a rendu les ruraux dépendants des villes

しかし、それは田舎の人々を町に依存させました

et de même, elle a rendu les pays barbares dépendants des
pays civilisés

同様に、それは野蛮な国々を文明国に依存させました
nations paysannes sur nations bourgeoises, l'Orient sur
Occident
ブルジョアジーの国には農民の国、西には東の国
La bourgeoisie se débarrasse de plus en plus de
l'éparpillement de la population
ブルジョアジーは、人口の分散した状態をますます排除
する
Il a une production agglomérée et a concentré la propriété
entre quelques mains
それは生産を凝集し、少数の手に財産を集中させました
La conséquence nécessaire de cela a été la centralisation
politique
この必然的な帰結は、政治的中央集権化であった
Il y avait eu des nations indépendantes et des provinces
vaguement reliées entre elles
独立国家と緩やかに結びついた州があった
Ils avaient des intérêts, des lois, des gouvernements et des
systèmes d'imposition distincts
彼らは別々の利益、法律、政府、税制を持っていました
Mais ils ont été regroupés en une seule nation, avec un seul
gouvernement
しかし、彼らは一つの国、一つの政府にまとめられてし
まった
Ils ont maintenant un intérêt de classe national, une
frontière et un tarif douanier
彼らは今、1つの国家階級的利益、1つのフロンティア、
1つの関税を持っている
Et cet intérêt de classe national est unifié sous un seul code
de loi
そして、この民族的階級的利益は、一つの法典の下に統
一される
la bourgeoisie a accompli beaucoup de choses au cours de
son règne d'à peine cent ans

ブルジョアジーは、わずか100年の支配の間に多くのことを成し遂げた

forces productives plus massives et plus colossales que toutes les générations précédentes réunies

先行するすべての世代を合わせたよりも、より大規模で巨大な生産力

Les forces de la nature sont soumises à la volonté de l'homme et de ses machines

自然の力は、人間とその機械の意志に隷属しています

La chimie s'applique à toutes les formes d'industrie et à tous les types d'agriculture

化学は、あらゆる形態の産業と農業の種類に適用されます

la navigation à vapeur, les chemins de fer, les télégraphes électriques et l'imprimerie

蒸気航行、鉄道、電信、印刷機

défrichement de continents entiers pour la culture, canalisation des rivières

耕作のための全大陸の清算、河川の運河化

Des populations entières ont été extirpées du sol et mises au travail

全住民が地面から召喚され、働かされた

Quel siècle précédent avait ne serait-ce qu'un pressentiment de ce qui pourrait être déchaîné ?

何が起きるのか、という予感が湧いたのは、前世紀だったのだろうか。

Qui aurait prédit que de telles forces productives sommeillaient dans le giron du travail social ?

このような生産力が社会労働の膝元に眠っていると誰が予測したのだろうか。

Nous voyons donc que les moyens de production et d'échange ont été générés dans la société féodale

したがって、生産手段と交換手段は封建社会で生み出されたことがわかる

les moyens de production sur la base desquels la bourgeoisie s'est construite

ブルジョアジーが自らを基礎として築き上げた生産手段

À un certain stade du développement de ces moyens de production et d'échange

これらの生産手段と交換手段の発展の特定の段階

les conditions dans lesquelles la société féodale produisait et échangeait

封建社会が生産し交換した条件

L'organisation féodale de l'agriculture et de l'industrie manufacturière

農業と製造業の封建組織

Les rapports féodaux de propriété n'étaient plus compatibles avec les conditions matérielles

封建的な財産関係は、もはや物質的条件と両立しなかった

Ils devaient être brisés, alors ils ont été brisés

彼らはバラバラに破裂しなければならなかったので、彼らはバラバラに破裂しました

À leur place s'est ajoutée la libre concurrence des forces productives

その場所に生産力からの自由競争は歩んだ

et ils étaient accompagnés d'une constitution sociale et politique adaptée à celle-ci

そして、それに適応した社会的・政治的憲法が伴っていた

et elle s'accompagnait de l'emprise économique et politique de la classe bourgeoise

そしてそれは、ブルジョア階級の経済的、政治的影響力を伴っていた

Un mouvement similaire est en train de se produire sous nos yeux

同じような動きが目の前で起きている

La société bourgeoise moderne avec ses rapports de production, d'échange et de propriété

生産関係、交換関係、所有関係を持つ近代ブルジョアジー社会

une société qui a inventé des moyens de production et d'échange aussi gigantesques

このような巨大な生産手段と交換手段を生み出した社会

C'est comme le sorcier qui a invoqué les puissances de l'au-delà

冥界の力を召喚した魔術師のようだ

Mais il n'est plus capable de contrôler ce qu'il a mis au monde

しかし、彼はもはや自分がこの世にもたらしたものをコントロールすることはできません

Pendant de nombreuses décennies, l'histoire a été liée par un fil conducteur

過去10年間、過去の歴史は共通の糸で結ばれていました

L'histoire de l'industrie et du commerce n'a été que l'histoire des révoltes

産業と商業の歴史は、反乱の歴史にすぎなかった

Les révoltes des forces productives modernes contre les conditions modernes de production

近代的生産諸条件に対する近代的生産力の反乱

Les révoltes des forces productives modernes contre les rapports de propriété

所有関係に対する近代的生産力の反乱

ces rapports de propriété sont les conditions de l'existence de la bourgeoisie

これらの所有関係は、ブルジョアジーの存在条件である

et l'existence de la bourgeoisie détermine les règles des rapports de propriété

そして、ブルジョアジーの存在が財産関係の規則を決定する

Il suffit de mentionner le retour périodique des crises commerciales

商業危機の定期的な再来について言及するだけで十分です

chaque crise commerciale est plus menaçante pour la société bourgeoise que la précédente

それぞれの商業的危機は、ブルジョアジー社会にとって、前回よりも脅威となっている

Dans ces crises, une grande partie des produits existants sont détruits

これらの危機では、既存の製品の大部分が破壊されます

Mais ces crises détruisent aussi les forces productives créées précédemment

しかし、これらの危機は、以前に生み出された生産力も破壊する

Dans toutes les époques antérieures, ces épidémies auraient semblé une absurdité

それ以前のすべての時代において、これらの伝染病は不条理に思われたであろう

parce que ces épidémies sont les crises commerciales de la surproduction

なぜなら、これらの伝染病は過剰生産の商業的危機だからです

La société se trouve soudain remise dans un état de barbarie momentanée

社会は突如として、一瞬の野蛮な状態に逆戻りする

comme si une guerre universelle de dévastation avait coupé tous les moyens de subsistance

あたかも、世界規模の荒廃戦争が、あらゆる生存手段を断ち切ったかのように

l'industrie et le commerce semblent avoir été détruits ; Et pourquoi ?

産業と商業は破壊されたようです。でなぜ。

Parce qu'il y a trop de civilisation et de moyens de subsistance

文明と生活手段が多すぎるからです

et parce qu'il y a trop d'industrie et trop de commerce

そして、産業が多すぎて、商業が多すぎるからです

Les forces productives à la disposition de la société ne développent plus la propriété bourgeoise

社会が自由に使える生産力は、もはやブルジョアジーの所有を発展させない

au contraire, ils sont devenus trop puissants pour ces conditions, par lesquelles ils sont enchaînés

それどころか、彼らはこれらの条件に対してあまりにも強力になりすぎており、それによって彼らは束縛されています

dès qu'ils surmontent ces entraves, ils mettent le désordre dans toute la société bourgeoise

かれらは、これらの足枷を乗り越えるやいなや、ブルジョアジー社会全体に無秩序をもたらす

et les forces productives mettent en danger l'existence de la propriété bourgeoise

そして、生産力はブルジョアジーの所有物の存在を危険にさらす

Les conditions de la société bourgeoise sont trop étroites pour englober les richesses qu'elles créent

ブルジョアジー社会の諸条件は、ブルジョアジー社会が生み出した富を成り立たせるには狭すぎる

Et comment la bourgeoisie surmonte-t-elle ces crises ?

そして、ブルジョアジーはこれらの危機をどのように乗り越えるのでしょうか?

D'une part, elle surmonte ces crises par la destruction forcée d'une masse de forces productives

一方では、大量の生産力の強制的な破壊によってこれらの危機を克服する

D'autre part, elle surmonte ces crises par la conquête de nouveaux marchés

一方、新しい市場を征服することでこれらの危機を克服します

et elle surmonte ces crises par l'exploitation plus poussée des anciennes forces productives

そして、それは、古い生産力のより徹底的な搾取によってこれらの危機を克服する

C'est-à-dire en ouvrant la voie à des crises plus étendues et plus destructrices

つまり、より広範で破壊的な危機への道を開くことによってです

elle surmonte la crise en diminuant les moyens de prévention des crises

それは、危機を防ぐ手段を減らすことによって危機を克服する

Les armes avec lesquelles la bourgeoisie a abattu le féodalisme sont maintenant retournées contre elle-même

ブルジョアジーが封建制を地に堕とした武器は、今やブルジョアジーに向けられている

Mais non seulement la bourgeoisie a-t-elle forgé les armes qui lui apportent la mort

しかし、ブルジョアジーは、自らに死をもたらす武器を鍛え上げただけではない

Il a également appelé à l'existence les hommes qui doivent manier ces armes

それはまた、それらの武器を振るうべき男たちを存在させました

Et ces hommes sont la classe ouvrière moderne ; Ce sont les prolétaires

そして、これらの人々は現代の労働者階級である。彼らはプロレタリアである

À mesure que la bourgeoisie se développe, le prolétariat se développe dans la même proportion

ブルジョアジーが発展するのに比例して、プロレタリアートも同じ割合で発展する

La classe ouvrière moderne a développé une classe d'ouvriers

現代の労働者階級は、労働者の階級を発展させた

Cette classe d'ouvriers ne vit que tant qu'elle trouve du travail

この階級の労働者は、仕事を見つけるまでしか生きられない

et ils ne trouvent de travail qu'aussi longtemps que leur travail augmente le capital

そして、彼らは、彼らの労働が資本を増大させる間だけ、仕事を見つける

Ces ouvriers, qui doivent se vendre à la pièce, sont une marchandise

これらの労働者は、自分自身を断片的に売らなければならず、商品である

Ces ouvriers sont comme tous les autres articles de commerce

これらの労働者は、他のすべての商取引品と同じである

et, par conséquent, ils sont exposés à toutes les vicissitudes de la concurrence

その結果、彼らは競争のあらゆる浮き沈みにさらされることになります

Ils doivent faire face à toutes les fluctuations du marché

彼らは市場のすべての変動を乗り切らなければなりません

En raison de l'utilisation intensive des machines et de la division du travail

機械の広範な使用と分業のため

Le travail des prolétaires a perdu tout caractère individuel

プロレタリアの活動は、すべての個人的性格を失った

et, par conséquent, le travail des prolétaires a perdu tout charme pour l'ouvrier

その結果、プロレタリアの労働は、労働者にとっての魅力を失った

Il devient un appendice de la machine, plutôt que l'homme qu'il était autrefois

彼はかつての人間ではなく、機械の付属物になる

On n'exige de lui que l'habileté la plus simple, la plus monotone et la plus facile à acquérir

彼に求められるのは、最も単純で、単調で、最も簡単に習得できるコツだけです

Par conséquent, le coût de production d'un ouvrier est limité

したがって、労働者の生産コストは制限されています

elle se limite presque entièrement aux moyens de subsistance dont il a besoin pour son entretien

それは、ほとんど完全に、彼が彼の維持のために必要と
する生存手段に制限されています

et elle est limitée aux moyens de subsistance dont il a besoin
pour la propagation de sa race

そして、それは、彼が自分の人種の繁殖に必要とする生
存手段に限定されている

Mais le prix d'une marchandise, et par conséquent aussi du
travail, est égal à son coût de production

しかし、商品の価格、したがって労働の価格も、その生
産費に等しい

C'est pourquoi, à mesure que le travail répugnant augmente,
le salaire diminue

したがって、それに比例して、仕事の反発力が高まると
、賃金は減少します

Bien plus, le caractère répugnant de son travail augmente à
un rythme encore plus grand

いや、彼の作品の反発はさらに大きくなっている

À mesure que l'utilisation des machines et la division du
travail augmentent, le fardeau du labeur augmente
également

機械の使用と分業が増えるにつれて、労苦の負担も大き
くなります

La charge de travail est augmentée par la prolongation du
temps de travail

労働時間の延長により労苦の負担が増す

On attend plus de l'ouvrier dans le même temps
qu'auparavant

以前と同じ時間に、労働者にもっと多くのことが期待さ
れている

Et bien sûr, le poids du labeur est augmenté par la vitesse de
la machine

そしてもちろん、労苦の負担は機械の速度によって増加
します

L'industrie moderne a transformé le petit atelier du maître
patriarcal en la grande usine du capitaliste industriel

近代産業は、家父長制の主人の小さな作業場を産業資本家の大工場に変えた

Des masses d'ouvriers, entassés dans l'usine, s'organisent comme des soldats

工場に押し寄せた労働者の大衆は、兵士のように組織されている

En tant que simples soldats de l'armée industrielle, ils sont placés sous le commandement d'une hiérarchie parfaite d'officiers et de sergents

産業軍の私兵として、彼らは将校と軍曹の完全な階層の指揮下に置かれます

ils ne sont pas seulement les esclaves de la classe bourgeoise et de l'État

彼らはブルジョア階級と国家の奴隷だけではない

Mais ils sont aussi asservis quotidiennement et d'heure en heure par la machine

しかし、彼らはまた、毎日、毎時間、機械によって奴隷にされています

ils sont asservis par le surveillant, et surtout par le fabricant bourgeois lui-même

彼らは、監視する者によって、そして何よりも、個々のブルジョアジー製造業者自身によって奴隷化されている

Plus ce despotisme proclame ouvertement que le gain est sa fin et son but, plus il est mesquin, plus haïssable et plus aigri

この専制政治が、利得をその目的と目的であると公然と宣言すればするほど、それはより卑小で、より憎悪的で、より憤慨する

Plus l'industrie moderne se développe, moins les différences entre les sexes sont grandes

近代的な産業が発展すればするほど、男女間の違いは小さくなります

Moins le travail manuel exige d'habileté et d'effort de force, plus le travail des hommes est supplanté par celui des femmes

肉体労働に内在する技能と力の発揮が少なければ少ない
ほど、男性の労働は女性の労働に取って代わられる

Les différences d'âge et de sexe n'ont plus de validité sociale
distincte pour la classe ouvrière

年齢や性別の違いは、もはや労働者階級にとって明確な
社会的妥当性をもたない

Tous sont des instruments de travail, plus ou moins coûteux
à utiliser, selon leur âge et leur sexe

すべては労働道具であり、年齢や性別に応じて多かれ少
なかれ高価です

dès que l'ouvrier reçoit son salaire en espèces, il est attaqué
par les autres parties de la bourgeoisie

労働者は、その賃金を現金で受け取るやいなや、ブルジ
ョアジーの他の部分から搾取される

le propriétaire, le commerçant, le prêteur sur gages, etc

家主、店主、質屋など

Les couches inférieures de la classe moyenne ; les petits
commerçants et les commerçants

中産階級の下層。小さな商人、人々、店主

les commerçants retraités en général, et les artisans et les
paysans

引退した商人一般、手工業者、農民

tout cela s'enfonce peu à peu dans le prolétariat

これらすべてはプロレタリアートに次第に沈む

en partie parce que leur petit capital ne suffit pas à l'échelle
sur laquelle l'industrie moderne est exercée

その理由の一つは、彼らの小さな資本が、近代産業が遂
行されている規模に対して十分ではないからである

et parce qu'elle est submergée par la concurrence avec les
grands capitalistes

そして、それは大資本家との競争に圧倒されているから
です

en partie parce que leur savoir-faire spécialisé est rendu sans
valeur par les nouvelles méthodes de production

その理由の一つは、彼らの専門技術が新しい生産方法によって無価値になってしまったからである

Ainsi le prolétariat se recrute dans toutes les classes de la population

こうして、プロレタリアートは人口のあらゆる階級から徴兵される

Le prolétariat passe par différents stades de développement

プロレタリアートは様々な発展段階を経る

Avec sa naissance commence sa lutte contre la bourgeoisie

その誕生とともに、ブルジョアジーとの闘争が始まる

Dans un premier temps, la lutte est menée par des ouvriers individuels

最初は、個々の労働者によってコンテストが行われます

Ensuite, le concours est mené par les ouvriers d'une usine

その後、コンテストは工場の労働者によって行われます

Ensuite, la lutte est menée par les agents d'un métier, dans une localité

そして、コンテストは、1つの地域で、1つの取引の工作員によって行われます

et la lutte est alors contre la bourgeoisie individuelle qui les exploite directement

そして、その競争は、彼らを直接搾取する個々のブルジョアジーに対するものである

Ils ne dirigent pas leurs attaques contre les conditions de production de la bourgeoisie

かれらは、ブルジョアジーの生産条件に対してではなく、攻撃を向ける

mais ils dirigent leur attaque contre les instruments de production eux-mêmes

しかし、彼らは生産手段そのものに攻撃を向ける

Ils détruisent les marchandises importées qui font concurrence à leur main-d'œuvre

彼らは、彼らの労働力と競合する輸入品を破壊します

Ils brisent les machines et mettent le feu aux usines

彼らは機械を粉々に砕き、工場を燃やします

ils cherchent à restaurer par la force le statut disparu de l'ouvrier du Moyen Âge

かれらは、中世の労働者の消滅した地位を力ずくで回復しようとする

À ce stade, les ouvriers forment encore une masse incohérente dispersée dans tout le pays

この段階では、労働者は依然として全国に散らばった支離滅裂な塊を形成している

et ils sont brisés par leur concurrence mutuelle

そして、彼らは相互の競争によって分裂します

S'ils s'unissent quelque part pour former des corps plus compacts, ce n'est pas encore la conséquence de leur propre union active

どこかでそれらが結合してよりコンパクトな体を形成したとしても、これはまだ彼ら自身の活発な結合の結果ではありません

mais c'est une conséquence de l'union de la bourgeoisie, d'atteindre ses propres fins politiques

しかし、それはブルジョアジーの団結の結果であり、ブルジョアジー自身の政治的目的を達成するためである

la bourgeoisie est obligée de mettre en mouvement tout le prolétariat

ブルジョアジーは、プロレタリアート全体を動かさざるを得ない

et d'ailleurs, pour un temps, la bourgeoisie est capable de le faire

しかも、当面は、ブルジョアジーはそうすることができる

À ce stade, les prolétaires ne combattent donc pas leurs ennemis

したがって、この段階では、プロレタリアは敵と闘わない

mais au lieu de cela, ils combattent les ennemis de leurs ennemis

しかし、その代わりに、彼らは敵の敵と戦っているのです

La lutte contre les vestiges de la monarchie absolue et les propriétaires terriens

絶対君主制の残党と地主との戦い

ils combattent la bourgeoisie non industrielle ; la petite bourgeoisie

彼らは非産業ブルジョアジーと闘う。小ブルジョアジー

Ainsi tout le mouvement historique est concentré entre les mains de la bourgeoisie

かくして、全歴史的運動はブルジョアジーの手中に集中している

chaque victoire ainsi obtenue est une victoire pour la bourgeoisie

こうして得られたすべての勝利は、ブルジョアジーの勝利である

Mais avec le développement de l'industrie, le prolétariat ne se contente pas d'augmenter en nombre

しかし、産業の発展とともに、プロレタリアートの数が増えるだけではない

le prolétariat se concentre en masses plus grandes et sa force s'accroît

プロレタリアートはより大きな大衆に集中し、その力は増大する

et le prolétariat ressent de plus en plus cette force

そして、プロレタリアートはますますその強さを感じる

Les divers intérêts et conditions de vie dans les rangs du prolétariat sont de plus en plus égalisés

プロレタリアートの階級におけるさまざまな利害と生活条件は、ますます平等化される

elles deviennent plus proportionnelles à mesure que les machines effacent toutes les distinctions de travail

それらは、機械が労働のあらゆる区別を消し去るにつれて、より比例するようになる

et les machines réduisent presque partout les salaires au même bas niveau

そして、ほぼどこでも機械が賃金を同じ低水準にまで引き下げている

La concurrence croissante entre la bourgeoisie et les crises commerciales qui en résultent rendent les salaires des ouvriers de plus en plus fluctuants

ブルジョアジー間の競争の激化と、その結果としての商業危機は、労働者の賃金をますます変動させている

L'amélioration incessante des machines, qui se développe de plus en plus rapidement, rend leurs moyens d'existence de plus en plus précaires

機械の絶え間ない改良は、ますます急速に発展し、彼らの生活をますます不安定にしています

les collisions entre les ouvriers individuels et la bourgeoisie individuelle prennent de plus en plus le caractère de collisions entre deux classes

個々の労働者と個々のブルジョアジーとの衝突は、二つの階級のあいだの衝突の性格をますますとっている

Là-dessus, les ouvriers commencent à former des associations (syndicats) contre la bourgeoisie

そこで労働者はブルジョアジーに対して組合せ(労働組合)を形作り始める

Ils s'associent pour maintenir le taux des salaires

彼らは賃金率を維持するために一緒にクラブをします

Ils fondèrent des associations permanentes afin de pourvoir à l'avance à ces révoltes occasionnelles

かれらは、これらの時折の反乱に備えるために恒久的な結社を見つけた

Ici et là, la lutte éclate en émeutes

あちこちで争いが暴動に発展

De temps en temps, les ouvriers sont victorieux, mais seulement pour un temps

ときどき労働者は勝利するが、それは一時的なものにすぎない

Le vrai fruit de leurs luttes n'est pas dans le résultat
immédiat, mais dans l'union toujours plus grande des
travailleurs

彼らの闘いの真の成果は、目先の結果ではなく、拡大し
続ける労働者の組合にある

Cette union est favorisée par les moyens de communication
améliorés créés par l'industrie moderne

この結合は、近代産業によって生み出された改善された
コミュニケーション手段によって助けられています

La communication moderne met en contact les travailleurs
de différentes localités les uns avec les autres

現代のコミュニケーションでは、さまざまな地域の労働
者が互いに接触しています

C'était précisément ce contact qui était nécessaire pour
centraliser les nombreuses luttes locales en une lutte
nationale entre les classes

数多くの地方闘争を階級間の一つの民族的闘争に集中さ
せるのに必要だったのは、まさにこの接触であった

Toutes ces luttes sont du même caractère, et toute lutte de
classe est une lutte politique

これらの闘争はすべて同じ性格のものであり、すべての
階級闘争は政治闘争である

les bourgeois du moyen âge, avec leurs misérables routes,
mettaient des siècles à former leurs syndicats

中世の市民は、悲惨な高速道路で、組合を形成するのに
何世紀もかかりました

Les prolétaires modernes, grâce aux chemins de fer, réalisent
leurs syndicats en quelques années

現代のプロレタリアは、鉄道のおかげで、数年以内に組
合を結成する

Cette organisation des prolétaires en classe les a donc formés
en parti politique

プロレタリア階級のこの組織化は、結果的に彼らを政党
に形成した

La classe politique est continuellement bouleversée par la
concurrence entre les travailleurs eux-mêmes

政治階級は、労働者同士の競争によって、再び絶えず動揺している

Mais la classe politique continue de se soulever, plus forte, plus ferme, plus puissante

しかし、政治階級は再び立ち上がり、より強く、より堅固に、より強大に立ち上がり続けている

Elle oblige la législation à reconnaître les intérêts particuliers des travailleurs

それは、労働者の特定の利益を立法府が認めることを強制するものである

il le fait en profitant des divisions au sein de la bourgeoisie elle-même

それは、ブルジョアジー自身の間の分裂を利用することによって、これを行う

C'est ainsi qu'en Angleterre fut promulguée la loi sur les dix heures

こうして、イギリスの10時間法案が法制化されました

à bien des égards, les collisions entre les classes de l'ancienne société sont en outre le cours du développement du prolétariat

多くの点で、旧社会の階級間の衝突は、さらにプロレタリアートの発展の過程である

La bourgeoisie se trouve engagée dans une bataille de tous les instants

ブルジョアジーは絶え間ない戦いに巻き込まれている

Dans un premier temps, il se trouvera impliqué dans une bataille constante avec l'aristocratie

最初は貴族との絶え間ない戦いに巻き込まれます

plus tard, elle se trouvera engagée dans une lutte constante avec ces parties de la bourgeoisie elle-même

のちに、ブルジョアジー自体のこれらの部分との絶え間ない戦いに巻き込まれることになる

et leurs intérêts seront devenus antagonistes au progrès de l'industrie

そして、彼らの利益は産業の進歩に敵対するものになる
だろう

à tout moment, leurs intérêts seront devenus antagonistes
avec la bourgeoisie des pays étrangers

つねに、かれらの利害は、外国のブルジョアジーと敵対
するものとなるであろう

Dans toutes ces batailles, elle se voit obligée de faire appel
au prolétariat et lui demande son aide

これらすべての闘争において、プロレタリアートに訴え
ざるを得ないと考え、プロレタリアートに助けを求める

Et ainsi, il se sentira obligé de l'entraîner dans l'arène
politique

それゆえ、政治の場に引きずり込まざるを得ないと感じ
るだろう

C'est pourquoi la bourgeoisie elle-même fournit au
prolétariat ses propres instruments d'éducation politique et
générale

したがって、ブルジョアジー自身が、プロレタリアート
に独自の政治的および一般教育の手段を供給している

c'est-à-dire qu'il fournit au prolétariat des armes pour
combattre la bourgeoisie

言い換えれば、それはプロレタリアートにブルジョアジ
ーと戦うための武器を提供するのである

De plus, comme nous l'avons déjà vu, des sections entières
des classes dominantes sont précipitées dans le prolétariat

さらに、すでに見てきたように、支配階級の全部門がプ
ロレタリアートに沈殿している

le progrès de l'industrie les aspire dans le prolétariat

産業の進歩は彼らをプロレタリアートに吸い込む

ou, du moins, ils sont menacés dans leurs conditions
d'existence

あるいは、少なくとも、彼らはその存在条件において脅
かされている

Ceux-ci fournissent également au prolétariat de nouveaux
éléments d'illumination et de progrès

これらはまた、プロレタリアートに啓蒙と進歩の新鮮な要素を供給する

Enfin, à l'approche de l'heure décisive de la lutte des classes

最後に、階級闘争が決定的な時に近づくとき

le processus de dissolution en cours au sein de la classe dirigeante

支配階級の中で進行する解体プロセス

En fait, la dissolution en cours au sein de la classe dirigeante se fera sentir dans toute la société

実際、支配階級の中で起きている解体は、社会のあらゆる範囲で感じられるでしょう

Il prendra un caractère si violent et si flagrant qu'une petite partie de la classe dirigeante se laissera aller à la dérive

それは、支配階級のごく一部が自らを漂流させるほどの暴力的で、あからさまな性格を帯びるだろう

et que la classe dirigeante rejoindra la classe révolutionnaire

そして、その支配階級は革命階級に加わるだろう

La classe révolutionnaire étant la classe qui tient l'avenir entre ses mains

革命的階級は、未来をその手に握る階級である

Comme à une époque antérieure, une partie de la noblesse passa dans la bourgeoisie

以前の時代と同じように、貴族の一部はブルジョアジーに寝返った

de la même manière qu'une partie de la bourgeoisie passera au prolétariat

ブルジョアジーの一部がプロレタリアートに寝返るのと同じように

en particulier, une partie de la bourgeoisie passera à une partie des idéologues de la bourgeoisie

とくに、ブルジョアジーの一部は、ブルジョアジーのイデオロギー論者の一部に渡るであろう

Des idéologues bourgeois qui se sont élevés au niveau de la compréhension théorique du mouvement historique dans son ensemble

ブルジョアジー・イデオロギーは、歴史運動全体を理論的に理解するレベルにまで高めた

De toutes les classes qui se trouvent aujourd'hui en face de la bourgeoisie, seule le prolétariat est une classe vraiment révolutionnaire

こんにちにブルジョアジーと対峙するすべての階級の中で、プロレタリアートだけがまことに革命的な階級である

Les autres classes se dégradent et finissent par disparaître devant l'industrie moderne

他の階級は衰退し、近代産業を前にしてついに消滅する

le prolétariat est son produit spécial et essentiel

プロレタリアートは、その特別で不可欠な生産物である

La petite bourgeoisie, le petit industriel, le commerçant, l'artisan, le paysan

下層中産階級、小規模製造業者、商店主、職人、農民

toutes ces luttes contre la bourgeoisie

これらすべてがブルジョアジーと闘う

Ils se battent en tant que fractions de la classe moyenne pour se sauver de l'extinction

彼らは絶滅から自分たちを救うために中産階級の一部分として戦う

Ils ne sont donc pas révolutionnaires, mais conservateurs

したがって、彼らは革命的ではなく、保守的です

Bien plus, ils sont réactionnaires, car ils essaient de faire reculer la roue de l'histoire

いや、それどころか、彼らは反動的だ、なぜなら、彼らは歴史の歯車を巻き戻そうとしているからだ

Si par hasard ils sont révolutionnaires, ils ne le sont qu'en vue de leur transfert imminent dans le prolétariat

もし彼らがたまたま革命的であるとすれば、それはプロレタリアートへの差し迫った転向を視野に入れたからにすぎない

Ils défendent ainsi non pas leurs intérêts présents, mais leurs intérêts futurs

したがって、彼らは現在の利益ではなく、将来の利益を擁護します

ils désertent leur propre point de vue pour se placer à celui du prolétariat

彼らは自らの立場を捨てて、プロレタリアートの立場に身を置く

La « classe dangereuse », la racaille sociale, cette masse en décomposition passive rejetée par les couches les plus basses de la vieille société

「危険な階級」、社会のクズ、古い社会の最下層によって放り出された受動的に腐敗した大衆

Ils peuvent, ici et là, être entraînés dans le mouvement par une révolution prolétarienne

かれらは、あちこちで、プロレタリア革命によって運動に押し流されるかもしれない

Ses conditions de vie, cependant, le préparent beaucoup plus au rôle d'instrument soudoyé de l'intrigue réactionnaire

しかし、その生活条件は、賄賂をもらった反動的な陰謀の道具としての役割をはるかに満たしている

Dans les conditions du prolétariat, ceux de l'ancienne société dans son ensemble sont déjà virtuellement submergés

プロレタリアートの諸条件では、旧社会一般の諸条件は、すでに事実上、圧倒されている

Le prolétaire est sans propriété

プロレタリアは財産をもたない

ses rapports avec sa femme et ses enfants n'ont plus rien de commun avec les relations familiales de la bourgeoisie

彼の妻や子供との関係は、もはやブルジョアジーの家族関係とは何の共通点もない

le travail industriel moderne, la sujétion moderne au capital, la même en Angleterre qu'en France, en Amérique comme en Allemagne

近代的産業労働、近代的資本への服従、イギリスでもフランスでも、アメリカでもドイツでも同じ

Sa condition dans la société l'a dépouillé de toute trace de caractère national

社会における彼の状態は、彼から国民性のあらゆる側面を剥ぎ取った

La loi, la morale, la religion, sont pour lui autant de préjugés bourgeois

法律、道徳、宗教は、彼にとって非常に多くのブルジョアジーの偏見です

et derrière ces préjugés se cachent en embuscade autant d'intérêts bourgeois

そして、これらの偏見の背後には、多くのブルジョアジーの利益と同じように待ち伏せに潜んでいる

Toutes les classes précédentes, qui ont pris le dessus, ont cherché à fortifier leur statut déjà acquis

優位に立った先行するすべての階級は、すでに獲得した地位を強化しようとしました

Ils l'ont fait en soumettant la société dans son ensemble à leurs conditions d'appropriation

彼らは、社会全体を彼らの流用条件に服従させることによってこれを行いました

Les prolétaires ne peuvent pas devenir maîtres des forces productives de la société

プロレタリアは、社会の生産力の主人にはなれない

elle ne peut le faire qu'en abolissant son propre mode d'appropriation antérieur

これは、以前の流用方法を廃止することによってのみ行うことができます

et par là même elle abolit tout autre mode d'appropriation antérieur

そして、それによって、それはまた、他のすべての以前の流用様式を廃止する

Ils n'ont rien à eux pour s'assurer et se fortifier

彼らには、確保し、強化するものが何もない

Leur mission est de détruire toutes les sûretés antérieures et les assurances de biens individuels

彼らの使命は、個々の財産の以前のすべての証券と保険を破壊することです

Tous les mouvements historiques antérieurs étaient des mouvements de minorités

それ以前の歴史的運動はすべてマイノリティの運動だった

ou bien il s'agissait de mouvements dans l'intérêt des minorités

あるいは、マイノリティの利益のための運動だった

Le mouvement prolétarien est le mouvement conscient et indépendant de l'immense majorité

プロレタリア運動は、圧倒的多数派の自覚的で独立した運動である

Et c'est un mouvement dans l'intérêt de l'immense majorité

そして、それは圧倒的多数の利益のための運動です

Le prolétariat, couche la plus basse de notre société actuelle

プロレタリアート、現代社会の最下層

elle ne peut ni s'agiter ni s'élever sans que toutes les couches supérieures de la société officielle ne soient soulevées en l'air

それは、公式社会の超現職の階層全体が空中に跳ね出されることなしには、自分自身を攪拌したり、立ち上がらせたりすることはできない

Loin d'être dans le fond, mais dans la forme, la lutte du prolétariat contre la bourgeoisie est d'abord une lutte nationale

プロレタリアートとブルジョアジーとの闘争は、実質的にはそうではないが、形式的には、まず民族闘争である

Le prolétariat de chaque pays doit, bien entendu, régler d'abord ses affaires avec sa propre bourgeoisie

もちろん、各国のプロレタリアートは、まず第一に自国のブルジョアジーと問題を解決しなければならない

En décrivant les phases les plus générales du développement du prolétariat, nous avons retracé la guerre civile plus ou moins voilée

プロレタリアートの発展の最も一般的な段階を描写するにあたって、われわれは多かれ少なかれベールに包まれた内戦をたどった

Ce civil fait rage au sein de la société existante

この市民は、既存の社会の中で猛威を振るっています

Elle fera rage jusqu'au point où cette guerre éclatera en révolution ouverte

それは、その戦争が公然たる革命に勃発するところまで激怒するだろう

et alors le renversement violent de la bourgeoisie jette les bases de l'emprise du prolétariat

そして、ブルジョアジーの暴力的打倒が、プロレタリアートの支配の基礎を築く

Jusqu'à présent, toute forme de société a été fondée, comme nous l'avons déjà vu, sur l'antagonisme des classes oppressives et opprimées

これまで、社会のあらゆる形態は、すでに見てきたように、抑圧階級と被抑圧階級の対立に基づいてきた

Mais pour opprimer une classe, il faut lui assurer certaines conditions

しかし、階級を抑圧するためには、一定の条件が保証されなければならない

La classe doit être maintenue dans des conditions dans lesquelles elle peut, au moins, continuer son existence servile

階級は、少なくとも奴隷的な存在を維持できる条件のもとに保たれなければならない

Le serf, à l'époque du servage, s'élevait lui-même au rang d'adhérent à la commune

農奴は、農奴制の時代には、コミューンのメンバーにまで上り詰めた

de même que la petite bourgeoisie, sous le joug de l'absolutisme féodal, a réussi à se développer en bourgeoisie

小ブルジョアジーが、封建的絶対主義のくびきの下で、なんとかブルジョアジーに発展したように

L'ouvrier moderne, au contraire, au lieu de s'élever avec les progrès de l'industrie, s'enfonce de plus en plus profondément

それどころか、現代の労働者は、産業の進歩とともに上昇するどころか、ますます深く沈んでいく

il s'enfonce au-dessous des conditions d'existence de sa propre classe

彼は、自分の階級の存在条件の下に沈む

Il devient pauvre, et le paupérisme se développe plus rapidement que la population et la richesse

彼は貧乏人になり、貧乏人は人口や富よりも急速に発展します

Et c'est là qu'il devient évident que la bourgeoisie n'est plus apte à être la classe dominante dans la société

そしてここで、ブルジョアジーはもはや社会の支配階級になるのにふさわしくないということが明らかになる

et elle n'est pas digne d'imposer ses conditions d'existence à la société comme une loi prépondérante

そして、その存在条件を最優先の法律として社会に押し付けるのは不適切です

Il est inapte à gouverner parce qu'il est incompétent pour assurer une existence à son esclave dans son esclavage

なぜなら、奴隷の奴隷状態の中でその存在を保証する能力がないからである

parce qu'il ne peut s'empêcher de le laisser sombrer dans un tel état, qu'il doit le nourrir, au lieu d'être nourri par lui

なぜなら、それは彼をそのような状態に沈ませずにはいられないからであり、彼によって養われるのではなく、彼を養わなければならないからである

La société ne peut plus vivre sous cette bourgeoisie

社会はもはやこのブルジョアジーの下では生きていけない

En d'autres termes, son existence n'est plus compatible avec la société

つまり、その存在はもはや社会と両立しない

La condition essentielle de l'existence et de l'influence de la classe bourgeoise est la formation et l'accroissement du capital

ブルジョア階級の存在と支配の本質的条件は、資本の形成と増大である

La condition du capital, c'est le salariat-travail

資本の条件は賃労働である

Le travail salarié repose exclusivement sur la concurrence entre les travailleurs

賃労働はもっぱら労働者間の競争に依拠している

Le progrès de l'industrie, dont le promoteur involontaire est la bourgeoisie, remplace l'isolement des ouvriers

ブルジョアジーを非自発的に推進する産業の進歩は、労働者の孤立に取って代わる

en raison de la concurrence, en raison de leur combinaison révolutionnaire, en raison de l'association

競争のせいで、彼らの革命的な組み合わせのせいで、連想のせいで

Le développement de l'industrie moderne lui coupe sous les pieds les fondements mêmes sur lesquels la bourgeoisie produit et s'approprie les produits

近代産業の発展は、ブルジョアジーが生産物を生産し、充当する基盤そのものを、その足元から切り捨てる

Ce que la bourgeoisie produit avant tout, ce sont ses propres fossoyeurs

ブルジョアジーが生み出すのは、何よりもまず、ブルジョアジー自身の墓掘り人である

La chute de la bourgeoisie et la victoire du prolétariat sont également inévitables

ブルジョアジーの没落もプロレタリアートの勝利も、等しく必然である

Prolétaires et communistes
プロレタリアと共産主義者

Quel est le rapport des communistes vis-à-vis de l'ensemble des prolétaires ?

共産主義者はプロレタリア階級全体に対してどのような関係にあるのか。

Les communistes ne forment pas un parti séparé opposé aux autres partis de la classe ouvrière

共産党は、他の労働者階級の政党に対抗する独立した政党を結成していない

Ils n'ont pas d'intérêts séparés de ceux du prolétariat dans son ensemble

かれらは、プロレタリアート全体の利害から分離し、分離した利害をもたない

Ils n'établissent pas de principes sectaires qui leur soient propres pour façonner et modeler le mouvement prolétarien

かれらは、プロレタリア運動を形作り、形成するための、彼ら自身のいかなるセクト主義的原則も打ち立てない

Les communistes ne se distinguent des autres partis ouvriers que par deux choses

共産党が他の労働者階級の政党と区別されるのは、たった二つの点である

Premièrement, ils signalent et mettent en avant les intérêts communs de l'ensemble du prolétariat, indépendamment de toute nationalité

第一に、彼らは、すべての民族とは無関係に、プロレタリアート全体の共通の利益を指摘し、前面に出す

C'est ce qu'ils font dans les luttes nationales des prolétaires des différents pays

かれらは、かれらが、かれらのかれらの民族闘争において、かれらをなすのである

Deuxièmement, ils représentent toujours et partout les intérêts du mouvement dans son ensemble

第二に、彼らはいつでもどこでも運動全体の利益を代表しています

c'est ce qu'ils font dans les différents stades de développement par lesquels doit passer la lutte de la classe ouvrière contre la bourgeoisie

これは、労働者階級のブルジョアジーに対する闘争が通過しなければならない発展のさまざまな段階において行われる

Les communistes sont donc, d'une part, pratiquement, la section la plus avancée et la plus résolue des partis ouvriers de tous les pays

したがって、共産党員は、一方では、事実上、すべての国の労働者階級の政党の中で最も進歩的で断固とした部分である

Ils sont cette section de la classe ouvrière qui pousse en avant toutes les autres

彼らは労働者階級のその部分であり、他のすべてのものを推し進めている

Théoriquement, ils ont aussi l'avantage de bien comprendre la ligne de marche

理論的には、行進のラインを明確に理解できるという利点もあります

C'est ce qu'ils comprennent mieux par rapport à la grande masse du prolétariat

このことは、プロレタリアートの大衆に比べれば、よりよく理解できる

Ils comprennent les conditions et les résultats généraux ultimes du mouvement prolétarien

かれらは、プロレタリア運動の諸条件と究極的一般的結果を理解している

Le but immédiat du Parti communiste est le même que celui de tous les autres partis prolétariens

共産党の当面の目標は、他のすべてのプロレタリア政党のそれと同じである

Leur but est la formation du prolétariat en classe

彼らの目的は、プロレタリアートを階級に形成することである

ils visent à renverser la suprématie de la bourgeoisie

彼らはブルジョアジー至上主義の打倒を目指している

la conquête du pouvoir politique par le prolétariat

プロレタリアートによる政治権力の征服の努力

Les conclusions théoriques des communistes ne sont nullement basées sur des idées ou des principes de réformateurs

共産主義者の理論的結論は、決して改革者の思想や原則に基づいていない

ce ne sont pas des prétendus réformateurs universels qui ont inventé ou découvert les conclusions théoriques des communistes

共産主義者の理論的結論を発明したり発見したりしたのは、普遍的な改革者ではなかった

Ils ne font qu'exprimer, en termes généraux, des rapports réels qui naissent d'une lutte de classe existante

それらは、一般的な言葉で、既存の階級闘争から生じる実際の関係を表現しているにすぎない

Et ils décrivent le mouvement historique qui se déroule sous nos yeux et qui a créé cette lutte des classes

そして彼らは、この階級闘争を生み出した、まさに私たちの目の前で起こっている歴史的な運動を描写しています

L'abolition des rapports de propriété existants n'est pas du tout un trait distinctif du communisme

既存の所有関係の廃止は、共産主義の特徴ではない

Dans le passé, toutes les relations de propriété ont été continuellement sujettes à des changements historiques

過去のすべての財産関係は、常に歴史的変化の影響を受けてきました

et ces changements ont été consécutifs au changement des conditions historiques

そして、これらの変化は、歴史的条件の変化の結果であった

La Révolution française, par exemple, a aboli la propriété féodale au profit de la propriété bourgeoise

たとえば、フランス革命は、ブルジョアジーの財産を支持して封建的財産を廃止しました

Le trait distinctif du communisme n'est pas l'abolition de la propriété, en général

共産主義の際立った特徴は、一般的に財産の廃止ではありません

mais le trait distinctif du communisme, c'est l'abolition de la propriété bourgeoise

しかし、共産主義の際立った特徴は、ブルジョアジーの財産の廃止である

Mais la propriété privée de la bourgeoisie moderne est l'expression ultime et la plus complète du système de production et d'appropriation des produits

しかし、近代ブルジョアジーの私有財産は、生産物を生産し、流用するシステムの最終的かつ最も完全な表現である

C'est l'état final d'un système basé sur les antagonismes de classe, où l'antagonisme de classe est l'exploitation du plus grand nombre par quelques-uns

それは、階級対立に基づくシステムの最終状態であり、階級対立は少数者による多数者の搾取である

En ce sens, la théorie des communistes peut se résumer en une seule phrase ; l'abolition de la propriété privée

この意味で、共産主義者の理論は一文に要約されるかもしれません。私有財産の廃止

On nous a reproché, à nous communistes, de vouloir abolir le droit d'acquérir personnellement des biens

われわれ共産党員は、個人的財産取得権を廃止したいという願望をもって非難されてきた

On prétend que cette propriété est le fruit du travail de l'homme

この財産は、人間自身の労働の成果であると主張されています

et cette propriété est censée être le fondement de toute liberté, de toute activité et de toute indépendance individuelles.

そして、この財産は、すべての個人の自由、活動、独立の基礎であると主張されています。

« Propriété durement gagnée, auto-acquise, auto-gagnée ! »

「苦労して手に入れた、自分で手に入れた、自分で稼いだ財産!」

Voulez-vous dire la propriété du petit artisan et du petit paysan ?

小商人や小農民の所有物のことですか?

Voulez-vous parler d'une forme de propriété qui a précédé la forme bourgeoise ?

ブルジョアジーの形態に先行する財産の形態のことを言っているのですか?

Il n'est pas nécessaire de l'abolir, le développement de l'industrie l'a déjà détruit dans une large mesure

それを廃止する必要はなく、産業の発展はすでにかなりの程度それを破壊しています

et le développement de l'industrie continue de la détruire chaque jour

そして、産業の発展は今もなお日々それを破壊しています

Ou voulez-vous parler de la propriété privée de la bourgeoisie moderne ?

それとも、現代のブルジョアジーの私有財産のことですか?

Mais le travail salarié crée-t-il une propriété pour l'ouvrier ?

しかし、賃労働は労働者のために何らかの財産を創造するだろうか。

Non, le travail salarié ne crée pas une parcelle de ce genre de propriété !

いや、賃労働はこの種の財産を少しも生み出さない!

Ce que le travail salarié crée, c'est du capital ; ce genre de propriété qui exploite le travail salarié

賃労働が生み出すのは資本である。賃労働を搾取する財産

Le capital ne peut s'accroître qu'à la condition d'engendrer une nouvelle offre de travail salarié pour une nouvelle exploitation

資本は、新たな搾取のための賃労働の新たな供給を生むという条件によらなければ、増加しない

La propriété, dans sa forme actuelle, est fondée sur l'antagonisme du capital et du salariat

現在の形態の財産は、資本と賃労働の対立に基づいている

Examinons les deux côtés de cet antagonisme

この拮抗の両面を調べてみましょう

Être capitaliste, ce n'est pas seulement avoir un statut purement personnel

資本家であるということは、純粋に個人的な地位を持つことだけではない

Au contraire, être capitaliste, c'est aussi avoir un statut social dans la production

そうではなく、資本家であることは、生産において社会的地位を持つことでもある

parce que le capital est un produit collectif ; Ce n'est que par l'action unie de nombreux membres qu'elle peut être mise en branle

なぜなら、資本は集合的な生産物だからです。多くのメンバーの団結した行動によってのみ、それは動き出すことができます

Mais cette action unie n'est qu'un dernier recours, et nécessite en fait tous les membres de la société

しかし、この団結した行動は最後の手段であり、実際にはすべての社会の構成員が必要です

Le capital est converti en propriété de tous les membres de la société

資本は社会のすべての構成員の所有物に転換される

mais le Capital n'est donc pas une puissance personnelle ; c'est un pouvoir social

しかし、それゆえ、資本は人格的な力ではない。それは社会的な力です

Ainsi, lorsque le capital est converti en propriété sociale, la propriété personnelle n'est pas pour autant transformée en propriété sociale

したがって、資本が社会的所有に転化されるとき、個人所有はそれによって社会的所有に転化されない

Ce n'est que le caractère social de la propriété qui est modifié et qui perd son caractère de classe

変更されるのは財産の社会的性格だけであり、その階級的性格を失う

Regardons maintenant le travail salarié

次に、賃労働について見てみましょう

Le prix moyen du salariat est le salaire minimum, c'est-à-dire le quantum des moyens de subsistance

賃労働の平均価格は最低賃金、すなわち生存手段の数量である

Ce salaire est absolument nécessaire dans la simple existence d'un ouvrier

この賃金は、労働者としての最低限の存在において絶対的に必要である

Ce que le salarié s'approprie par son travail ne suffit donc qu'à prolonger et à reproduire une existence nue

それゆえ、賃労働者が自分の労働によって充当するものは、裸の存在を延ばし、再生産するだけで十分である

Nous n'avons nullement l'intention d'abolir cette appropriation personnelle des produits du travail

われわれは、この労働生産物の個人的収用を廃止するつもりは決してない

une appropriation qui est faite pour le maintien et la reproduction de la vie humaine

人間の生命の維持と再生産のためになされる充当

Une telle appropriation personnelle des produits du travail ne laisse pas de surplus pour commander le travail d'autrui

労働生産物のそのような個人的充当は、他人の労働を命じる余剰を残さない

Tout ce que nous voulons supprimer, c'est le caractère misérable de cette appropriation

私たちが取り除きたいのは、この流用の惨めな性格だけ
です

l'appropriation dont vit l'ouvrier dans le seul but
d'augmenter son capital

労働者が単に資本を増やすためだけに生活する歳出

Il n'est autorisé à vivre que dans la mesure où l'intérêt de la
classe dominante l'exige

彼は、支配階級の利益がそれを必要とする限りにおいて
のみ、生きることを許されている

Dans la société bourgeoise, le travail vivant n'est qu'un
moyen d'augmenter le travail accumulé

ブルジョアジー社会では、生活労働は蓄積された労働を
増やす手段にすぎない

Dans la société communiste, le travail accumulé n'est qu'un
moyen d'élargir, d'enrichir, de promouvoir l'existence de
l'ouvrier

共産主義社会では、蓄積された労働は、労働者の存在を
拡大し、富ませ、促進するための手段にすぎない

C'est pourquoi, dans la société bourgeoise, le passé domine
le présent

したがって、ブルジョアジー社会では、過去が現在を支
配している

dans la société communiste, le présent domine le passé

共産主義社会では、現在が過去を支配する

Dans la société bourgeoise, le capital est indépendant et a
une individualité

ブルジョアジー社会では、資本は独立しており、個性が
ある

Dans la société bourgeoise, la personne vivante est
dépendante et n'a pas d'individualité

ブルジョアジー社会では、生きている人間は依存的であ
り、個性を持たない

Et l'abolition de cet état de choses est appelée par la
bourgeoisie l'abolition de l'individualité et de la liberté !

そして、この状態の廃止は、ブルジョアジーによって、
個性と自由の廃止と呼ばれています。

Et c'est à juste titre qu'on l'appelle l'abolition de
l'individualité et de la liberté !

そして、それはまさに個性と自由の廃止と呼ばれていま
す。

Le communisme vise à l'abolition de l'individualité
bourgeoise

共産主義はブルジョアジーの個性の廃絶をめざす

Le communisme veut l'abolition de l'indépendance de la
bourgeoisie

共産主義はブルジョアジーの独立の廃止を意図している

La liberté de la bourgeoisie est sans aucun doute ce que vise
le communisme

ブルジョアジーの自由は、疑いなく共産主義が目指して
いるものである

dans les conditions actuelles de production de la
bourgeoisie, la liberté signifie le libre-échange, la liberté de
vendre et d'acheter

現在のブルジョアジーの生産条件のもとでは、自由とは
自由貿易、自由な売買を意味する

Mais si la vente et l'achat disparaissent, la vente et l'achat
gratuits disparaissent également

しかし、売り買いがなくなると、自由な売りと買いもな
くなります

Les « paroles courageuses » de la bourgeoisie sur la vente et
l'achat libres n'ont qu'un sens limité

ブルジョアジーによる自由な売買に関する「勇敢な言葉
」は、限られた意味でしか意味を持たない

Ces mots n'ont de sens que par opposition à la vente et à
l'achat restreints

これらの言葉は、制限された売りと買いとは対照的にの
み意味を持ちます

et ces mots n'ont de sens que lorsqu'ils s'appliquent aux
marchands enchaînés du moyen âge

そして、これらの言葉は、中世の束縛された商人に当てはめられたときにのみ意味を持つ

et cela suppose que ces mots aient même un sens dans un sens bourgeois

そしてそれは、これらの言葉がブルジョアジー的な意味においてさえ意味を持つことを前提としている

mais ces mots n'ont aucun sens lorsqu'ils sont utilisés pour s'opposer à l'abolition communiste de l'achat et de la vente

しかし、これらの言葉は、共産主義による売買の廃止に反対するために使われているときは、何の意味もありません

les mots n'ont pas de sens lorsqu'ils sont utilisés pour s'opposer à l'abolition des conditions de production de la bourgeoisie

この言葉は、ブルジョアジーの生産条件が廃止されることに反対するために使われているときには、何の意味も持たない

et ils n'ont aucun sens lorsqu'ils sont utilisés pour s'opposer à l'abolition de la bourgeoisie elle-même

そして、ブルジョアジーそのものが廃止されることに反対するために利用されているとき、それらは何の意味も持たない

Vous êtes horrifiés par notre intention d'en finir avec la propriété privée

あなた方は、私有財産を廃止しようとする私たちの意図にぞっとしています

Mais dans votre société actuelle, la propriété privée est déjà abolie pour les neuf dixièmes de la population

しかし、あなた方の既存の社会では、人口の9割の私有財産はすでに廃止されています

L'existence d'une propriété privée pour quelques-uns est uniquement due à sa non-existence entre les mains des neuf dixièmes de la population

少数の者のための私有財産の存在は、ひとえに人口の10分の9の手中に私有財産が存在しないことによるものである

Vous nous reprochez donc d'avoir l'intention de supprimer une forme de propriété

それゆえ、あなたは、財産の形態を廃止しようとしていると、私たちを非難します

Mais la propriété privée nécessite l'inexistence de toute propriété pour l'immense majorité de la société

しかし、私有財産は、社会の圧倒的多数にとって、いかなる財産も存在しないことを要求する

En un mot, vous nous reprochez d'avoir l'intention de vous débarrasser de vos biens

一言で言えば、あなたはあなたの財産を廃止するつもりで私たちを非難します

Et c'est précisément le cas ; se débarrasser de votre propriété est exactement ce que nous avons l'intention de faire

そして、それはまさにその通りです。あなたの財産を廃止することは、まさに私たちが意図していることです

À partir du moment où le travail ne peut plus être converti en capital, en argent ou en rente

労働が資本、貨幣、地代に転換できなくなった瞬間から

quand le travail ne peut plus être converti en un pouvoir social monopolisé

労働がもはや独占可能な社会的権力に転換できなくなったとき

à partir du moment où la propriété individuelle ne peut plus être transformée en propriété bourgeoise

個々の所有物がもはやブルジョアジーの所有物に転化できない瞬間から

à partir du moment où la propriété individuelle ne peut plus être transformée en capital

個々の財産がもはや資本に転換できない瞬間から

À partir de ce moment-là, vous dites que l'individualité s'évanouit

その瞬間から、個性が消えると言うのです

Vous devez donc avouer que par « individu » vous n'entendez personne d'autre que la bourgeoisie

それゆえ、諸君は、「個人」とは、ブルジョアジー以外のいかなる者も意味しないことを告白しなければならない

Vous devez avouer qu'il s'agit spécifiquement du propriétaire de la classe moyenne

それはとりわけ特性の中流階級の所有者を示すことを告白しなければならない

Cette personne doit, en effet, être balayée et rendue impossible

この人は、実に、道から一掃され、不可能にされなければなりません

Le communisme ne prive personne du pouvoir de s'approprier les produits de la société

共産主義は、社会の生産物を充当する力を誰からも奪わない

tout ce que fait le communisme, c'est de le priver du pouvoir de subjuguer le travail d'autrui au moyen d'une telle appropriation

共産主義が行うことは、そのような横領によって他者の労働を征服する力を彼から奪うことだけである

On a objecté qu'avec l'abolition de la propriété privée, tout travail cesserait

私有財産が廃止されれば、すべての仕事がなくなると反対されている

et il est alors suggéré que la paresse universelle nous rattrapera

そして、普遍的な怠惰が私たちを追い越すことが示唆されています

D'après cela, il y a longtemps que la société bourgeoise aurait dû aller aux chiens par pure oisiveté

これによれば、ブルジョアジー社会はとうの昔に、まったくの怠惰によって犬のところに行ってしまったはずである

parce que ceux de ses membres qui travaillent, n'acquièrent rien

なぜなら、働いているそのメンバーのものは何も得られないからです

et ceux de ses membres qui acquièrent quoi que ce soit, ne travaillent pas

そして、そのメンバーのものは、何かを取得し、動作しません

L'ensemble de cette objection n'est qu'une autre expression de la tautologie

この反論の全体は、トートロジーのもう一つの表現にすぎない

Il ne peut plus y avoir de travail salarié quand il n'y a plus de capital

もはやいかなる資本も存在しないとき、いかなる賃労働も存在し得ない

Il n'y a pas de différence entre les produits matériels et les produits mentaux

物質的生産物と精神的生産物の間に違いはありません

Le communisme propose que les deux soient produits de la même manière

共産主義は、これらの両方が同じ方法で生産されることを提案しています

mais les objections contre les modes communistes de production sont les mêmes

しかし、これらを生産する共産主義的様式に対する異議は同じである

pour la bourgeoisie, la disparition de la propriété de classe est la disparition de la production elle-même

ブルジョアジーにとって、階級的所有の消滅は、生産そのものの消滅である

Ainsi, la disparition de la culture de classe est pour lui identique à la disparition de toute culture

したがって、階級文化の消滅は、彼にとってすべての文化の消滅と同じである

Cette culture, dont il déplore la perte, n'est pour l'immense majorité qu'un simple entraînement à agir comme une machine

彼が嘆くその文化は、大多数の人々にとって、機械として振る舞うための単なる訓練に過ぎない

Les communistes ont bien l'intention d'abolir la culture de la propriété bourgeoise

共産主義者は、ブルジョアジーの財産文化を廃止する意図が強い

Mais ne vous querellez pas avec nous tant que vous appliquez les normes de vos notions bourgeoises de liberté, de culture, de droit, etc

しかし、自由、文化、法律などに関するブルジョアジーの観念の基準を適用する限り、私たちと論争しないでください

Vos idées mêmes ne sont que le résultat des conditions de votre production bourgeoise et de la propriété bourgeoise

諸君の観念そのものが、諸君のブルジョアジー生産とブルジョアジー諸財産の諸条件の産物にすぎない

de même que votre jurisprudence n'est que la volonté de votre classe érigée en loi pour tous

ちょうど、あなたがたの法学が、万人のための法律にされた、あなたの階級の意志にすぎないように

Le caractère essentiel et l'orientation de cette volonté sont déterminés par les conditions économiques créées par votre classe sociale

この意志の本質的な性格と方向性は、あなたの社会階級が作り出す経済的条件によって決定されます

L'idée fausse égoïste qui vous pousse à transformer les formes sociales en lois éternelles de la nature et de la raison

社会形態を自然と理性の永遠の法則に変えるようにあなたを誘導する利己的な誤解

les formes sociales qui découlent de votre mode de
production et de votre forme de propriété actuels
あなたの現在の生産様式と財産形態から生じる社会的形
態
des rapports historiques qui naissent et disparaissent dans le
progrès de la production
生産の進行の中で浮き沈みする歴史的関係
cette idée fausse que vous partagez avec toutes les classes
dirigeantes qui vous ont précédés
この誤解は、あなた方に先立つすべての支配階級と共有
しています
Ce que vous voyez clairement dans le cas de la propriété
ancienne, ce que vous admettez dans le cas de la propriété
féodale
古代の財産の場合にはっきりと見えるもの、封建的財産
の場合に認めているもの
ces choses, il vous est bien entendu interdit de les admettre
dans le cas de votre propre forme de propriété bourgeoise
これらの事柄は、もちろん、あなた自身のブルジョアジ
ー的形態の所有の場合には、認めることを禁じられてい
る
Abolition de la famille ! Même les plus radicaux
s'enflamment devant cette infâme proposition des
communistes
家族廃止!最も過激な人々でさえ、共産主義者のこの悪
名高い提案に燃え上がった
Sur quelle base se fonde la famille actuelle, la famille
bourgeoise ?
現在の家族、ブルジョアジー家は、どのような基盤の上
に成り立っているのだろうか。
La fondation de la famille actuelle est basée sur le capital et
le gain privé
現在の家族の基盤は、資本と私的利益に基づいています
Sous sa forme complètement développée, cette famille
n'existe que dans la bourgeoisie

完全に発達した形態では、この家族はブルジョアジーの中にのみ存在します

Cet état de choses trouve son complément dans l'absence pratique de la famille chez les prolétaires

この状態は、プロレタリア階級のあいだに家族が事実上不在であることに、その補完を見いだす

Cet état de choses se retrouve dans la prostitution publique

このような状況は、公営売春にも見られます

La famille bourgeoise disparaîtra d'office quand son effectif disparaîtra

ブルジョアジー一家は、その補完物が消滅すれば、当然のように消滅する

et l'une et l'autre s'évanouiront avec la disparition du capital

そして、この二つは、資本の消滅とともに消滅するであろう

Nous accusez-vous de vouloir mettre fin à l'exploitation des enfants par leurs parents ?

親による子どもの搾取を止めたいと願っている私たちを責めますか?

Nous plaidons coupables de ce crime

この犯罪に対して、私たちは有罪を認めます

Mais, direz-vous, on détruit les relations les plus sacrées, quand on remplace l'éducation à domicile par l'éducation sociale

しかし、家庭教育を社会教育に置き換えると、最も神聖な関係が破壊される、とあなたは言うでしょう

Votre éducation n'est-elle pas aussi sociale ? Et n'est-elle pas déterminée par les conditions sociales dans lesquelles vous éduquez ?

あなたがたの教育もまた社会的ではないのか。そして、それはあなたがたが教育する社会的条件によって決定されるのではないのか。

par l'intervention, directe ou indirecte, de la société, par le biais de l'école, etc.

直接的または間接的な社会の介入、学校などによる介入
によって。

Les communistes n'ont pas inventé l'intervention de la
société dans l'éducation

共産主義者は、教育への社会の介入を発明したのではな
い

ils ne cherchent qu'à modifier le caractère de cette
intervention

彼らは、その介入の性格を変えようとしているに過ぎな
い

et ils cherchent à sauver l'éducation de l'influence de la
classe dirigeante

そして、彼らは支配階級の影響から教育を救おうとして
います

La bourgeoisie parle de la relation sacrée du parent et de
l'enfant

親と子の神聖な共関係についてのブルジョアジーの話

mais ce baratin sur la famille et l'éducation devient d'autant
plus répugnant quand on regarde l'industrie moderne

しかし、家族と教育に関するこの拍手屏風は、現代の産
業を見ると、いっそう嫌なものになります

Tous les liens familiaux entre les prolétaires sont déchirés
par l'industrie moderne

プロレタリア階級の家族の絆は、近代産業によって引き
裂かれている

Leurs enfants sont transformés en simples objets de
commerce et en instruments de travail

彼らの子供たちは、単純な商売道具や労働道具に変えら
れる

Mais vous, communistes, vous créeriez une communauté de
femmes, crie en chœur toute la bourgeoisie

しかし、あなた方共産主義者は、女性の共同体をつくり
だすだろう、とブルジョアジー全体が大合唱して叫ぶ

La bourgeoisie ne voit en sa femme qu'un instrument de
production

ブルジョアジーは、妻を単なる生産道具とみなしている

Il entend dire que les instruments de production doivent
être exploités par tous

彼は、生産の道具はすべての人によって搾取されるべき
であると聞いています

et, naturellement, il ne peut arriver à aucune autre
conclusion que celle d'être commun à tous retombera
également sur les femmes

そして、当然のことながら、彼は、すべての人に共通す
る多くの存在が同様に女性に落ちるという結論にしか至
り得ません

Il ne soupçonne même pas qu'il s'agit en fait d'en finir avec
le statut de la femme en tant que simple instrument de
production

彼は、本当の意味は、単なる生産道具としての女性の地
位をなくすことにあるという疑念さえ持っていない

Du reste, rien n'est plus ridicule que l'indignation vertueuse
de notre bourgeoisie contre la communauté des femmes

残りの人々にとって、女性の共同体に対するわがブルジ
ョアジーの高潔な憤慨ほどばかげたものはない

ils prétendent qu'elle doit être établie ouvertement et
officiellement par les communistes

彼らは、それが共産主義者によって公然と公式に確立さ
れるふりをしている

Les communistes n'ont pas besoin d'introduire la
communauté des femmes, elle existe depuis des temps
immémoriaux

共産主義者は女性のコミュニティを導入する必要はなく
、それはほとんど太古の昔から存在していました

Notre bourgeoisie ne se contente pas d'avoir à sa disposition
les femmes et les filles de ses prolétaires

わがブルジョアジーは、プロレタリアの妻や娘を自由に
使えることに満足していない

Ils prennent le plus grand plaisir à séduire les femmes de
l'autre

彼らはお互いの妻を誘惑することに最大の喜びを感じます

Et cela ne parle même pas des prostituées ordinaires
そして、それは一般的な売春婦について話すことではありません

Le mariage bourgeois est en réalité un système d'épouses en commun
ブルジョアジーの結婚は、現実には共通の妻の制度である

puis il y a une chose qu'on pourrait peut-être reprocher aux communistes
そして、共産主義者が非難されるかもしれないことが一つある

Ils souhaitent introduire une communauté de femmes ouvertement légalisée
彼らは、公然と合法化された女性のコミュニティを導入することを望んでいます

plutôt qu'une communauté de femmes hypocritement dissimulée
偽善的に隠された女性のコミュニティではなく

la communauté des femmes issues du système de production
生産システムから生まれた女性の共同体

Abolissez le système de production, et vous abolissez la communauté des femmes
生産制度を廃止し、女性の共同体を廃止せよ

La prostitution publique est abolie et la prostitution privée
公営売春も私娼も廃止

On reproche en outre aux communistes de vouloir abolir les pays et les nationalités
共産主義者は、国家と民族を廃止したいと願うことで、さらに非難される

Les travailleurs n'ont pas de patrie, nous ne pouvons donc pas leur prendre ce qu'ils n'ont pas
労働者には国がないので、彼らが持っていないものを彼らから奪うことはできません

Le prolétariat doit d'abord acquérir la suprématie politique

プロレタリアートは、まず第一に政治的優越性を獲得しなければならない

Le prolétariat doit s'élever pour être la classe dirigeante de la nation

プロレタリアートは、国家の指導的階級にならなければならない

Le prolétariat doit se constituer en nation

プロレタリアートは、それ自身を国家として構成しなければならない

elle est, jusqu'à présent, elle-même nationale, mais pas dans le sens bourgeois du mot

それは、これまでのところ、それ自体が国民的であるが、ブルジョアジー的な意味でのものではない

Les différences nationales et les antagonismes entre les peuples s'estompent chaque jour davantage

民族間の国家間の相違と敵対関係は、日々ますます消滅しています

grâce au développement de la bourgeoisie, à la liberté du commerce, au marché mondial

ブルジョアジーの発展、商業の自由、世界市場の発展のために

à l'uniformité du mode de production et des conditions de vie qui y correspondent

生産様式とそれに対応する生活条件の均一性

La suprématie du prolétariat les fera disparaître encore plus vite

プロレタリアートの優越性は、彼らをいっそう早く消滅させるだろう

L'action unie, du moins dans les principaux pays civilisés, est une des premières conditions de l'émancipation du prolétariat

少なくとも主要な文明国の団結した行動は、プロレタリアート解放の第一条件の一つである

Dans la mesure où l'exploitation d'un individu par un autre prendra fin, l'exploitation d'une nation par une autre prendra également fin à

ある個人が別の個人によって搾取されることに比例して、ある国が別の国によって搾取されることも、

À mesure que l'antagonisme entre les classes à l'intérieur de la nation disparaîtra, l'hostilité d'une nation envers une autre prendra fin

国内の階級間の対立が消えるのに比例して、ある民族から別の民族への敵意は終わりを告げるであろう

Les accusations portées contre le communisme d'un point de vue religieux, philosophique et, en général, idéologique, ne méritent pas d'être examinées sérieusement

宗教的、哲学的、そして一般的にはイデオロギー的見地からなされた共産主義に対する非難は、真剣に検討するに値しない

Faut-il une intuition profonde pour comprendre que les idées, les vues et les conceptions de l'homme changent à chaque changement dans les conditions de son existence matérielle ?

人間の考え、見解、概念が、物質的存在の状態が変化するたびに変化するということを理解するには、深い直観が必要ですか?

N'est-il pas évident que la conscience de l'homme change lorsque ses relations sociales et sa vie sociale changent ?

人間の社会関係や社会生活が変われば、人間の意識も変わるのは明らかではないでしょうか。

Qu'est-ce que l'histoire des idées prouve d'autre, sinon que la production intellectuelle change de caractère à mesure que la production matérielle se modifie ?

思想史が証明しているのは、知的生産が物質的生産が変化すれば、それに比例してその性格も変化するということである。

Les idées dominantes de chaque époque ont toujours été les idées de sa classe dirigeante

各時代の支配思想は、つねに支配階級の思想であった

Quand on parle d'idées qui révolutionnent la société, on n'exprime qu'un seul fait

人々が社会に革命を起こすアイデアについて語るとき、彼らは一つの事実を表現しているに過ぎない

Au sein de l'ancienne société, les éléments d'une nouvelle société ont été créés

古い社会の中で、新しい社会の要素が創造されました

et que la dissolution des vieilles idées va de pair avec la dissolution des anciennes conditions d'existence

そして、古い考えの解体は、古い存在条件の解消と歩調を合わせている

Lorsque le monde antique était dans ses dernières affresses, les anciennes religions ont été vaincues par le christianisme

古代世界が最後の苦しみにあったとき、古代の宗教はキリスト教に打ち負かされました

Lorsque les idées chrétiennes ont succombé au XVIIIe siècle aux idées rationalistes, la société féodale a mené une bataille à mort contre la bourgeoisie alors révolutionnaire

18世紀にキリスト教の思想が合理主義の思想に屈したとき、封建社会は当時の革命的ブルジョアジーと死闘を繰り広げた

Les idées de liberté religieuse et de liberté de conscience n'ont fait qu'exprimer l'emprise de la libre concurrence dans le domaine de la connaissance

信教の自由と良心の自由という考えは、知識の領域における自由競争の影響力を表現したに過ぎない

« Sans doute, dira-t-on, les idées religieuses, morales, philosophiques et juridiques ont été modifiées au cours du développement historique »

「疑いなく」と言われるだろう、「宗教的、道徳的、哲学的、法的な考えは、歴史的発展の過程で修正されてきた」

Mais la religion, la morale, la philosophie, la science politique et le droit ont constamment survécu à ce changement.

「しかし、宗教、道徳哲学、政治学、法学は、常にこの変化を生き延びてきた」

« Il y a aussi des vérités éternelles, telles que la Liberté, la Justice, etc. »

「自由、正義などの永遠の真理もあります」

« Ces vérités éternelles sont communes à tous les états de la société »

「これらの永遠の真理は、社会のすべての状態に共通しています」

« Mais le communisme abolit les vérités éternelles, il abolit toute religion et toute morale »

「しかし、共産主義は永遠の真理を廃止し、すべての宗教とすべての道徳を廃止する」

« il fait cela au lieu de les constituer sur une nouvelle base »

「新しい基準でそれらを構成する代わりに、これを行う」

« Elle agit donc en contradiction avec toute l'expérience historique passée »

「それゆえ、それは過去のすべての歴史的経験と矛盾して行動する」

À quoi se réduit cette accusation ?

この非難は何に還元されるのでしょうか?

L'histoire de toute la société passée a consisté dans le développement d'antagonismes de classe

過去のすべての社会の歴史は、階級対立の発展から成り立ってきた

antagonismes qui ont pris des formes différentes selon les époques

異なる時代に異なる形態をとった拮抗

Mais quelle que soit la forme qu'ils aient prise, un fait est commun à tous les âges passés

しかし、彼らがどのような形をとったにせよ、過去のすべての時代に共通する事実が1つあります

l'exploitation d'une partie de la société par l'autre

社会のある部分が他の部分を搾取すること

Il n'est donc pas étonnant que la conscience sociale des âges passés se meuve à l'intérieur de certaines formes communes ou d'idées générales

それゆえ、過去の時代の社会意識が、ある種の共通の形態、あるいは一般的な観念の中で動いているのも不思議ではない

(et ce, malgré toute la multiplicité et la variété qu'il affiche)

(そしてそれは、それが表示するすべての多様性と多様性にもかかわらずです)

et ceux-ci ne peuvent disparaître complètement qu'avec la disparition totale des antagonismes de classe

そして、これらは、階級的対立の完全な消滅なしには、完全に消滅することはできない

La révolution communiste est la rupture la plus radicale avec les rapports de propriété traditionnels

共産主義革命は、伝統的な財産関係の最も根本的な断絶である

Il n'est donc pas étonnant que son développement implique la rupture la plus radicale avec les idées traditionnelles

その発展が伝統的な考えとの最も根本的な断絶を伴うのも不思議ではありません

Mais finissons-en avec les objections de la bourgeoisie contre le communisme

しかし、共産主義に対するブルジョアジーの異議申し立てはこれで終わりにしよう

Nous avons vu plus haut le premier pas de la révolution de la classe ouvrière

われわれは以上、労働者階級による革命の第一段階を見た

Le prolétariat doit être élevé à la position de dirigeant, pour gagner la bataille de la démocratie

プロレタリアートは、民主主義の戦いに勝つために、支配的な地位に引き上げられなければならない

Le prolétariat usera de sa suprématie politique pour arracher peu à peu tout le capital à la bourgeoisie

プロレタリアートは、その政治的優越性を利用して、ブルジョアジーからすべての資本を少しずつ奪い取るであろう

elle centralisera tous les instruments de production entre les mains de l'État

それは、すべての生産手段を国家の手に集中させるであろう

En d'autres termes, le prolétariat s'est organisé en classe dominante

言い換えれば、プロレタリアートは支配階級として組織された

et elle augmentera le plus rapidement possible le total des forces productives

そして、生産力の総量を可能な限り急速に増やすであろう

Bien sûr, au début, cela ne peut se faire qu'au moyen d'incursions despotiques dans les droits de propriété

もちろん、初めのうちは、これは専制的な財産権の侵害によってのみ実現することはできない

et elle doit être réalisée dans les conditions de la production bourgeoise

そして、それはブルジョアジー生産の条件で達成されなければならない

Elle est donc réalisée au moyen de mesures qui semblent économiquement insuffisantes et intenables

したがって、それは経済的に不十分で維持できないように見える手段によって達成されます

mais ces moyens, dans le cours du mouvement, se dépassent d'eux-mêmes

しかし、これらの手段は、運動の過程で、それ自体を凌駕します

elles nécessitent de nouvelles incursions dans l'ancien ordre social

それらは、古い社会秩序にさらに侵入することを必要とする

et ils sont inévitables comme moyen de révolutionner entièrement le mode de production

そして、それらは生産様式を全面的に革命する手段として避けられない

Ces mesures seront bien sûr différentes selon les pays

もちろん、これらの措置は国によって異なります

Néanmoins, dans les pays les plus avancés, ce qui suit sera assez généralement applicable

それにもかかわらず、最も先進国では、以下がかなり一般的に適用されます

1. L'abolition de la propriété foncière et l'affectation de toutes les rentes foncières à des fins publiques.

1. 土地の財産を廃止し、すべての土地の賃貸料を公共目的に充てること。

2. Un impôt sur le revenu progressif ou progressif lourd.

2.重い累進所得税または累進所得税。

3. Abolition de tout droit d'héritage.

3. 相続権の廃止

4. Confiscation des biens de tous les émigrés et rebelles.

4. すべての移民と反逆者の財産の没収。

5. Centralisation du crédit entre les mains de l'État, au moyen d'une banque nationale à capital d'État et monopole exclusif.

5. 国家資本と独占的独占を有する国立銀行による国家の手中への信用の集中化。

6. Centralisation des moyens de communication et de transport entre les mains de l'État.

6. 通信手段と輸送手段を国家の手に集中化すること。

7. Extension des usines et des instruments de production appartenant à l'État

7. 国家所有の工場及び生産手段の拡張

la mise en culture des terres incultes, et l'amélioration du sol en général d'après un plan commun.

荒れ地の耕作と、一般的な計画に従った土壌の改良。

8. Responsabilité égale de tous vis-à-vis du travail

8. 労働に対するすべての人の平等な責任

Mise en place d'armées industrielles, notamment pour l'agriculture.

特に農業のための産業軍隊の設立。

9. Combinaison de l'agriculture et des industries manufacturières

9. 農業と製造業の融合

l'abolition progressive de la distinction entre la ville et la campagne, par une répartition plus égale de la population sur le territoire.

町と田舎の区別を徐々に廃止し、全国の人口のより公平な分配によって。

10. Gratuité de l'éducation pour tous les enfants dans les écoles publiques.

10.公立学校のすべての子供のための無料の教育。

Abolition du travail des enfants dans les usines sous sa forme actuelle

現在の形態の児童工場労働の廃止

Combinaison de l'éducation et de la production industrielle

教育と工業生産の融合

Quand, au cours du développement, les distinctions de classe ont disparu

発展の過程で、階級の区別がなくなったとき

et quand toute la production aura été concentrée entre les mains d'une vaste association de toute la nation

そして、すべての生産が全国民の広大な協会の手に集中したとき

alors la puissance publique perdra son caractère politique

そうなれば、公権力は政治的性格を失うだろう

Le pouvoir politique, proprement dit, n'est que le pouvoir organisé d'une classe pour en opprimer une autre

政治権力とは、正しくはそう呼ばれているが、ある階級が他の階級を抑圧するための組織化された権力にすぎない

Si le prolétariat, dans sa lutte contre la bourgeoisie, est
contraint, par la force des choses, de s'organiser en classe
もしプロレタリアートがブルジョアジーとの争いの最中
に、状況の力によって階級として組織せざるを得ないな
らば、

si, par une révolution, elle se fait la classe dominante
もし、革命によって、自らを支配階級にするならば

et, en tant que telle, elle balaie par la force les anciennes
conditions de production
そして、そのようにして、それは力ずくで古い生産条件
を一掃します

alors, avec ces conditions, elle aura balayé les conditions
d'existence des antagonismes de classes et des classes en
général
そうすれば、これらの条件とともに、階級対立と階級一
般の存在条件を一掃することになる

et aura ainsi aboli sa propre suprématie en tant que classe.
そして、それによって階級としての自己の優越性を廃止
するであろう。

A la place de l'ancienne société bourgeoise, avec ses classes
et ses antagonismes de classes, nous aurons une association
階級と階級対立をもった古いブルジョアジー社会にかわ
って、われわれは結社をもつであろう

une association dans laquelle le libre développement de
chacun est la condition du libre développement de tous
各々の自由な発展が、すべての人の自由な発展の条件で
ある連合

1) Le socialisme réactionnaire

1)反動的社会主義

a) Le socialisme féodal

a) 封建的社会主義

les aristocraties de France et d'Angleterre avaient une position historique unique

フランスとイギリスの貴族階級は、独自の歴史的位置を占めていました

c'est devenu leur vocation d'écrire des pamphlets contre la société bourgeoise moderne

近代ブルジョアジー社会に反対するパンフレットを書くことが彼らの職業となった

Dans la révolution française de juillet 1830 et dans l'agitation réformiste anglaise

1830年7月のフランス革命とイギリスの改革扇動

Ces aristocraties succombèrent de nouveau à l'odieux parvenu

これらの貴族階級は、再び憎むべき成り上がり者に屈した

Dès lors, il n'était plus question d'une lutte politique sérieuse

それ以来、真剣な政治闘争は全く問題外となった

Tout ce qui restait possible, c'était une bataille littéraire, pas une véritable bataille

残されたのは文学的な戦いだけで、実際の戦いではなかった

Mais même dans le domaine de la littérature, les vieux cris de la période de la restauration étaient devenus impossibles

しかし、文学の領域においてさえ、王政復古期の古い叫びは不可能になっていた

Pour s'attirer la sympathie, l'aristocratie était obligée de perdre de vue, semble-t-il, ses propres intérêts

同情を呼び起こすために、貴族階級は、明らかに、自分たちの利益を見失わざるを得なかった

et ils ont été obligés de formuler leur réquisitoire contre la bourgeoisie dans l'intérêt de la classe ouvrière exploitée

そして彼らは、搾取された労働者階級の利益のために、ブルジョアジーに対する告発を策定する義務を負った

C'est ainsi que l'aristocratie prit sa revanche en chantant des pamphlets sur son nouveau maître

こうして貴族たちは、新しい主人に悪口を歌うことで復讐を果たした

et ils prirent leur revanche en lui murmurant à l'oreille de sinistres prophéties de catastrophe à venir

そして、彼らは彼の耳元で来るべき破局の不吉な予言をささやくことによって復讐を果たした

C'est ainsi qu'est né le socialisme féodal : moitié lamentation, moitié moquerie

このようにして封建的社会主義が生まれた:半分は嘆き、半分は風刺

Il sonnait comme un demi-écho du passé, et projetait une demi-menace de l'avenir

それは半分は過去の反響のように鳴り響き、半分は未来の脅威を映し出していた

parfois, par sa critique acerbe, spirituelle et incisive, il frappait la bourgeoisie au plus profond de lui-même

時には、その辛辣で機知に富んだ鋭い批評によって、ブルジョアジーの心を揺さぶった

mais elle a toujours été ridicule dans son effet, par l'incapacité totale de comprendre la marche de l'histoire moderne

しかし、それは、近代史の行進を理解する完全な無能力によって、その効果において常に滑稽なものであった

L'aristocratie, pour rallier le peuple à elle, agitait le sac d'aumône prolétarien en guise de bannière

貴族階級は、民衆を彼らに結集させるために、プロレタリアの施し袋を前に振って旗を掲げた

Mais le peuple, toutes les fois qu'il se joignait à lui, voyait
sur son arrière-train les anciennes armoiries féodales

しかし、民衆は、しばしば彼らに加わると、彼らの後ろ
に古い封建的な紋章を見た

et ils désertèrent avec des rires bruyants et irrévérencieux

そして、彼らは大声で不遜な笑い声をあげて逃げ出した

Une partie des légitimistes français et de la « Jeune
Angleterre » offrit ce spectacle

フランスの正統派と「若いイングランド」の一部は、こ
の光景を呈した

les féodaux ont fait remarquer que leur mode d'exploitation
était différent de celui de la bourgeoisie

封建主義者は、彼らの搾取の様式がブルジョアジーのそ
れとは異なることを指摘した

Les féodaux oublient qu'ils ont exploité dans des
circonstances et des conditions tout à fait différentes

封建主義者は、まったく異なる状況と条件の下で搾取し
たことを忘れています

Et ils n'ont pas remarqué que de telles méthodes
d'exploitation sont maintenant désuètes

そして、彼らはそのような搾取の方法が今や時代遅れで
あることに気づかなかったのです

Ils ont montré que, sous leur domination, le prolétariat
moderne n'a jamais existé

彼らは、彼らの支配下では、現代のプロレタリアートは
決して存在しなかったことを示した

mais ils oublient que la bourgeoisie moderne est le produit
nécessaire de leur propre forme de société

しかし、彼らは、現代のブルジョアジーが、彼ら自身の
社会形態の必然的な子孫であることを忘れている

Pour le reste, ils dissimulent à peine le caractère
réactionnaire de leur critique

それ以外の部分については、彼らは批判の反動的な性格
をほとんど隠そうとしない

Leur principale accusation contre la bourgeoisie se résume à
ceci

ブルジョアジーに対する彼らの主な非難は、次のように
なる

sous le régime bourgeois, une classe sociale se développe

ブルジョアジー体制のもとで、社会階級が発展しつつあ
る

Cette classe sociale est destinée à découper de fond en
comble l'ancien ordre de la société

この社会階級は、社会の古い秩序を根こそぎ切り裂き、
枝分かれさせる運命にある

Ce qu'ils reprochent à la bourgeoisie, ce n'est pas tant
qu'elle crée un prolétariat

彼らがブルジョアジーを褒め称えるのは、それがプロレ
タリアートを生み出すことではない

ce qu'ils reprochent à la bourgeoisie, c'est plutôt de créer un
prolétariat révolutionnaire

かれらがブルジョアジーをたたきつけるのは、革命的プ
ロレタリアートをつくりだすということである

Dans la pratique politique, ils se joignent donc à toutes les
mesures coercitives contre la classe ouvrière

それゆえ、政治的実践において、彼らは労働者階級に対
するあらゆる強制的措置に加わるのである

Et dans la vie ordinaire, malgré leurs phrases hautaines, ils
s'abaissent à ramasser les pommes d'or tombées de l'arbre
de l'industrie

そして、普段の生活では、高尚なフレーズにもかかわら
ず、産業の木から落ちた金のリンゴを拾うために身をか
がめます

et ils troquent la vérité, l'amour et l'honneur contre le
commerce de la laine, du sucre de betterave et de l'eau-de-
vie de pommes de terre

そして、彼らは真実、愛、名誉を羊毛、甜菜糖、ジャガ
イモの蒸留酒の商売と交換する

De même que le pasteur a toujours marché main dans la
main avec le propriétaire foncier, il en a été de même du
socialisme clérical et du socialisme féodal

牧師が地主と手を携えて歩んできたように、聖職者社会主義と封建的社会主義もそうであった

Rien n'est plus facile que de donner à l'ascétisme chrétien une teinte socialiste

キリスト教の禁欲主義に社会主義的な色合いを与えることほど簡単なことはありません

Le christianisme n'a-t-il pas déclamé contre la propriété privée, contre le mariage, contre l'État ?

キリスト教は、私有財産、結婚、国家に反対したのではないだろうか。

Le christianisme n'a-t-il pas prêché à la place de la charité et de la pauvreté ?

キリスト教は、これらの慈善と貧困の代わりに説教したのではないだろうか。

Le christianisme ne prêche-t-il pas le célibat et la mortification de la chair, de la vie monastique et de l'Église mère ?

キリスト教は、肉の独身と苦行、修道生活、母なる教会を説いているのではないでしょうか。

Le socialisme chrétien n'est que l'eau bénite avec laquelle le prêtre consacre les brûlures du cœur de l'aristocrate

キリスト教社会主義は、聖職者が貴族の心の燃え上がりを聖別するための聖水にすぎない

b) Le socialisme petit-bourgeois
b) 小ブルジョア社会主義

L'aristocratie féodale n'est pas la seule classe ruinée par la bourgeoisie
ブルジョアジーによって破滅させられた階級は封建貴族だけではなかった

ce n'était pas la seule classe dont les conditions d'existence languissaient et périssaient dans l'atmosphère de la société bourgeoise moderne
近代ブルジョアジー社会の雰囲気の中で生存条件が固まり、消滅した階級は、それだけではなかった

Les bourgeois médiévaux et les petits propriétaires paysans ont été les précurseurs de la bourgeoisie moderne
中世の領主と小農民は、近代ブルジョアジーの先駆者であった

Dans les pays peu développés, tant au point de vue industriel que commercial, ces deux classes végètent encore côte à côte
工業的にも商業的にもほとんど発展していない国々では、この2つの階級がいまだに隣り合って植生している

et pendant ce temps, la bourgeoisie se lève à côté d'eux : industriellement, commercialement et politiquement
そしてその間、ブルジョアジーは、産業的にも、商業的にも、政治的にも、彼らの隣で立ち上がる

Dans les pays où la civilisation moderne s'est pleinement développée, une nouvelle classe de petite bourgeoisie s'est formée
近代文明が十分に発達した国々では、新しい階級の小ブルジョアジーが形成された

cette nouvelle classe sociale oscille entre le prolétariat et la bourgeoisie
この新しい社会階級は、プロレタリアートとブルジョアジーの間で揺れ動く

et elle se renouvelle sans cesse en tant que partie
supplémentaire de la société bourgeoise
そして、それはブルジョアジー社会の補助的な部分とし
て絶えず更新されつつある
Cependant, les membres individuels de cette classe sont
constamment précipités dans le prolétariat
しかし、この階級の個々の構成員は、絶えずプロレタリ
アートに投げ落とされている
ils sont aspirés par le prolétariat par l'action de la
concurrence
彼らは競争の作用によってプロレタリアートに吸い上げ
られる
Au fur et à mesure que l'industrie moderne se développe, ils
voient même approcher le moment où ils disparaîtront
complètement en tant que section indépendante de la société
moderne
近代産業が発展するにつれて、彼らは現代社会の独立し
た部分として完全に消滅する瞬間が近づいているとさえ
見ています
ils seront remplacés, dans les manufactures, l'agriculture et
le commerce, par des surveillants, des huissiers et des
boutiquiers
彼らは、製造業、農業、商業において、監督者、廷吏、
商店員に取って代わられるでしょう
Dans des pays comme la France, où les paysans représentent
bien plus de la moitié de la population
フランスのような国では、農民が人口の半分以上を占め
ています
il était naturel qu'il y ait des écrivains qui se rangent du côté
du prolétariat contre la bourgeoisie
ブルジョアジーに対してプロレタリアートに味方した作
家がいるのは当然のことだった
dans leur critique du régime bourgeois, ils utilisaient
l'étendard de la bourgeoisie paysanne et de la petite
bourgeoisie

ブルジョアジー体制を批判するにあたって、かれらは農民と小ブルジョアジーの基準を利用した

et, du point de vue de ces classes intermédiaires, ils prennent le relais de la classe ouvrière

そして、これらの中間階級の立場から、彼らは労働者階級のために棍棒を取り上げます

C'est ainsi qu'est né le socialisme petit-bourgeois, dont Sismondi était le chef de cette école, non seulement en France, mais aussi en Angleterre

こうして小ブルジョアジー社会主義が勃発し、シスモンディはフランスだけでなくイギリスでもこの学派の長であった

Cette école du socialisme a disséqué avec une grande acuité les contradictions des conditions de la production moderne

この社会主義学派は、近代的生産条件の矛盾を非常に鋭く解剖した

Cette école a mis à nu les excuses hypocrites des économistes

この学派は、経済学者の偽善的な謝罪を暴露した

Cette école prouva sans conteste les effets désastreux du machinisme et de la division du travail

この学校は、議論の余地なく、機械と分業の悲惨な影響を証明しました

elle prouvait la concentration du capital et de la terre entre quelques mains

それは、資本と土地が少数の手に集中していることを証明した

elle a prouvé comment la surproduction conduit à des crises bourgeoises

それは、過剰生産がいかにブルジョアジーの危機につながるかを証明した

il soulignait la ruine inévitable de la petite bourgeoisie et des paysans

それは、小ブルジョアジーと農民の必然的な破滅を指摘した

la misère du prolétariat, l'anarchie de la production, les inégalités criantes dans la répartition des richesses

プロレタリアートの悲惨さ、生産の無政府状態、富の分配における泣き叫ぶような不平等

Il a montré comment le système de production mène la guerre industrielle d'extermination entre les nations

それは、生産システムが国家間の絶滅という産業戦争をどのようにリードしているかを示しました

la dissolution des vieux liens moraux, des vieilles relations familiales, des vieilles nationalités

古い道徳的絆、古い家族関係、古い民族の解体

Dans ses objectifs positifs, cependant, cette forme de socialisme aspire à réaliser l'une des deux choses suivantes

しかし、この形態の社会主義は、その肯定的な目的において、次の2つのことのうちの1つを達成することを熱望している

soit elle vise à restaurer les anciens moyens de production et d'échange

それは、古い生産手段と交換手段の復活を目指すかのどちらかである

et avec les anciens moyens de production, elle rétablirait les anciens rapports de propriété et l'ancienne société

そして、古い生産手段によって、古い所有関係と古い社会を回復させるだろう

ou bien elle vise à enfermer les moyens modernes de production et d'échange dans l'ancien cadre des rapports de propriété

あるいは、近代的な生産手段と交換手段を、所有関係の古い枠組みに押し込めることをめざしている

Dans un cas comme dans l'autre, elle est à la fois réactionnaire et utopique

いずれにせよ、それは反動的であり、ユートピア的である

Ses derniers mots sont : guildes corporatives pour la fabrication, relations patriarcales dans l'agriculture

その最後の言葉は、製造のための企業ギルド、農業における家父長制の関係です

En fin de compte, lorsque les faits historiques obstinés ont dispersé tous les effets enivrants de l'auto-tromperie

究極的には、頑固な歴史的事実が自己欺瞞の陶酔効果をすべて分散させたとき

cette forme de socialisme se termina par un misérable accès de pitié

この形態の社会主義は、惨めな哀れみの発作に終わった

c) Le socialisme allemand, ou « vrai »
c) ドイツ、または「真の」社会主義

La littérature socialiste et communiste de France est née sous la pression d'une bourgeoisie au pouvoir
フランスの社会主義と共産主義の文学は、権力を握ったブルジョアジーの圧力の下で生まれた
Et cette littérature était l'expression de la lutte contre ce pouvoir
そして、この文学は、この権力に対する闘争の表現であった
elle a été introduite en Allemagne à une époque où la bourgeoisie venait de commencer sa lutte contre l'absolutisme féodal
それは、ブルジョアジーが封建的絶対主義との競争を始めたばかりの時期にドイツに導入されました
Les philosophes allemands, les prétendus philosophes et les beaux esprits, s'emparèrent avidement de cette littérature
ドイツの哲学者、哲学者志望者、そして美女のエスプリは、この文献を熱心につかみました
mais ils oubliaient que les écrits avaient émigré de France en Allemagne sans apporter avec eux les conditions sociales françaises
しかし、彼らは、この著作がフランスの社会状況をもたらすことなく、フランスからドイツに移住したことを忘れていた
Au contact des conditions sociales allemandes, cette littérature française perd toute sa signification pratique immédiate
ドイツの社会状況と接触するうちに、このフランス文学は直接的な実践的意義を失った
et la littérature communiste de France a pris un aspect purement littéraire dans les cercles académiques allemands
フランスの共産主義文学は、ドイツの学界では純粋に文学的な側面を帯びていた

Ainsi, les exigences de la première Révolution française n'étaient rien d'autre que les exigences de la « raison pratique »

したがって、第一次フランス革命の要求は「実践理性」の要求にすぎなかった

et l'expression de la volonté de la bourgeoisie française révolutionnaire signifiait à leurs yeux la loi de la volonté pure

そして、革命的なフランス・ブルジョアジーの意志の発声は、彼らの目には純粋な意志の法則を意味していた

il signifiait la Volonté telle qu'elle devait être ; de la vraie Volonté humaine en général

それは、あるべき意志を意味していた。真の人間の意志一般の

Le monde des lettrés allemands ne consistait qu'à mettre les nouvelles idées françaises en harmonie avec leur ancienne conscience philosophique

ドイツの文学者の世界は、もっぱら新しいフランスの思想を彼らの古代の哲学的良心と調和させることにあった

ou plutôt, ils ont annexé les idées françaises sans déserter leur propre point de vue philosophique

というか、彼らは自らの哲学的観点を捨てることなく、フランスの思想を併合した

Cette annexion s'est faite de la même manière que l'on s'approprie une langue étrangère, c'est-à-dire par la traduction

この併合は、外国語が流用されるのと同じ方法、つまり翻訳によって行われました

Il est bien connu comment les moines ont écrit des vies stupides de saints catholiques sur des manuscrits

修道士たちがカトリックの聖人の愚かな人生を写本の上に書いたことはよく知られています

les manuscrits sur lesquels les œuvres classiques de l'ancien paganisme avaient été écrites

古代異教徒の古典作品が書かれた写本

Les lettrés allemands ont inversé ce processus avec la littérature française profane

ドイツの文学者は、この過程を冒涜的なフランス文学で逆転させた

Ils ont écrit leurs absurdités philosophiques sous l'original français

彼らはフランス語の原文の下に哲学的なナンセンスを書いた

Par exemple, sous la critique française des fonctions économiques de l'argent, ils ont écrit « L'aliénation de l'humanité »

例えば、貨幣の経済的機能に対するフランスの批判の下に、彼らは「人類の疎外」を書いた

au-dessous de la critique française de l'État bourgeois, ils écrivaient « détrônement de la catégorie du général »

ブルジョアジー国家に対するフランスの批判の下に、彼らは「将軍のカテゴリーの退位」を書いた

L'introduction de ces phrases philosophiques à la fin des critiques historiques françaises qu'ils ont baptisées :

これらの哲学的フレーズの導入は、彼らがダビングしたフランスの歴史批評の背後にあります。

« Philosophie de l'action », « Vrai socialisme », « Science allemande du socialisme », « Fondement philosophique du socialisme », etc

「行動の哲学」「真の社会主義」「ドイツ社会主義の科学」「社会主義の哲学的基礎」など

La littérature socialiste et communiste française est ainsi complètement émasculée

こうして、フランスの社会主義と共産主義の文学は完全に去勢された

entre les mains des philosophes allemands, elle cessa d'exprimer la lutte d'une classe contre l'autre

ドイツの哲学者の手によって、それはある階級と他の階級との闘争を表現することをやめた

et c'est ainsi que les philosophes allemands se sentaient conscients d'avoir surmonté « l'unilatéralité française »

こうして、ドイツの哲学者たちは「フランスの一面性」を克服したことを意識したのである

Il n'avait pas à représenter de vraies exigences, mais plutôt des exigences de vérité

それは真の要求を表す必要はなく、むしろ真理の要求を表していたのです

il n'y avait pas d'intérêt pour le prolétariat, mais plutôt pour la nature humaine

プロレタリアートには関心がなく、むしろ人間性に関心があった

l'intérêt était dans l'Homme en général, qui n'appartient à aucune classe et n'a pas de réalité

その関心は、いかなる階級にも属さず、実在性をもたない人間一般に向けられていた

un homme qui n'existe que dans le royaume brumeux de la fantaisie philosophique

哲学的幻想の霧の領域にしか存在しない男

mais finalement, ce socialisme allemand d'écolier perdit aussi son innocence pédante

しかし、やがてこの小学生ドイツ社会主義もまた、その衒学的な無邪気さを失った

la bourgeoisie allemande, et surtout la bourgeoisie prussienne, luttait contre l'aristocratie féodale

ドイツのブルジョアジー、特にプロイセンのブルジョアジーは封建貴族と戦った

la monarchie absolue de l'Allemagne et de la Prusse était également combattue

ドイツとプロイセンの絶対君主制もまた、

Et à son tour, la littérature du mouvement libéral est également devenue plus sérieuse

そして、リベラルな運動の文学もより真剣になっていった

L'Allemagne a eu l'occasion longtemps souhaitée par le « vrai » socialisme de se voir offrir

ドイツが長い間望んでいた「真の」社会主義の機会がもたらされた

l'occasion de confronter le mouvement politique aux revendications socialistes

社会主義の要求と政治運動に立ち向かう機会

l'occasion de jeter les anathèmes traditionnels contre le libéralisme

リベラリズムに対する伝統的な忌み嫌われる機会

l'occasion d'attaquer le gouvernement représentatif et la concurrence bourgeoise

代議制政府とブルジョアジーの競争を攻撃する機会

Liberté de la presse bourgeoise, législation bourgeoise, liberté et égalité bourgeoise

ブルジョアジーの報道の自由、ブルジョアジーの立法、ブルジョアジーの自由と平等

Tout cela pourrait maintenant être critiqué dans le monde réel, plutôt que dans la fantaisie

これらはすべて、ファンタジーではなく、現実の世界で批評できるようになりました

L'aristocratie féodale et la monarchie absolue prêchaient depuis longtemps aux masses

封建貴族と絶対君主制は長い間大衆に説教していた

« L'ouvrier n'a rien à perdre, et il a tout à gagner »

「労働者は失うものは何もなく、得るものはすべて持っている」

le mouvement bourgeois offrait aussi une chance de se confronter à ces platitudes

ブルジョアジー運動もまた、こうした決まり文句に立ち向かう機会を与えた

la critique française présupposait l'existence d'une société bourgeoise moderne

フランス批判は、近代ブルジョアジー社会の存在を前提としていた

Conditions économiques d'existence de la bourgeoisie et constitution politique de la bourgeoisie

ブルジョアジーの存在条件とブルジョアジーの政治体質

les choses mêmes dont la réalisation était l'objet de la lutte imminente en Allemagne

その達成がドイツにおける差し迫った闘争の対象であったまさにその事柄

L'écho stupide du socialisme en Allemagne a abandonné ces objectifs juste à temps

ドイツの社会主義の愚かな反響は、これらの目標を間一髪で放棄した

Les gouvernements absolus avaient leur suite de pasteurs, de professeurs, d'écuyers de campagne et de fonctionnaires

絶対政府には、牧師、教授、田舎の大地主、役人がいました

le gouvernement de l'époque a répondu aux soulèvements de la classe ouvrière allemande par des coups de fouet et des balles

当時の政府は、ドイツの労働者階級の蜂起に鞭打ちと銃弾で立ち向かった

pour eux, ce socialisme était un épouvantail bienvenu contre la bourgeoisie menaçante

彼らにとって、この社会主義は、ブルジョアジーの脅威に対する歓迎すべきかかしとして機能した

et le gouvernement allemand a pu offrir un dessert sucré après les pilules amères qu'il a distribuées

そして、ドイツ政府は、苦い薬を配った後、甘いデザートを提供することができました

ce « vrai » socialisme servait donc aux gouvernements d'arme pour combattre la bourgeoisie allemande

この「真の」社会主義は、こうして、ドイツ・ブルジョアジーと戦うための武器として、政府に役立ったのである

et, en même temps, il représentait directement un intérêt réactionnaire ; celle des Philistins allemands

そして同時に、それは直接的に反動的な利害を代表していた。ドイツ・ペリシテ人のそれ

En Allemagne, la petite bourgeoisie est la véritable base sociale de l'état de choses actuel

ドイツでは、小ブルジョア階級が現存する諸事態の真の社会的基盤である

une relique du XVIe siècle qui n'a cessé de surgir sous diverses formes

16世紀の遺物は、さまざまな形で絶えず出現しています

Conserver cette classe, c'est préserver l'état de choses existant en Allemagne

この階級を維持することは、ドイツの現状を維持することである

La suprématie industrielle et politique de la bourgeoisie menace la petite bourgeoisie d'une destruction certaine

ブルジョアジーの産業的・政治的優越性は、小ブルジョアジーを一定の破壊で脅かす

d'une part, elle menace de détruire la petite bourgeoisie par la concentration du capital

一方では、資本の集中によって小ブルジョアジーを破壊する恐れがある

d'autre part, la bourgeoisie menace de la détruire par l'avènement d'un prolétariat révolutionnaire

他方、ブルジョアジーは、革命的プロレタリアートの勃興によって、ブルジョアジーを破壊すると脅す

Le « vrai » socialisme semblait faire d'une pierre deux coups. Il s'est répandu comme une épidémie

「真の」社会主義は、この二羽の鳥を一石二鳥に仕留めるように見えた。伝染病のように広がった

La robe de toiles d'araignées spéculatives, brodée de fleurs de rhétorique, trempée dans la rosée du sentiment maladif

レトリックの花が刺繍された思索的な蜘蛛の巣のローブは、病的な感傷の露に染まっていた

cette robe transcendantale dans laquelle les socialistes allemands enveloppaient leurs tristes « vérités éternelles »

ドイツ社会主義者が哀れな「永遠の真理」を包んだこの超越的なローブ

tout de peau et d'os, servaient à augmenter
merveilleusement la vente de leurs marchandises auprès
d'un public aussi

すべての皮と骨は、そのような公衆の間で彼らの商品の
売り上げを素晴らしく増やすのに役立ちました

Et de son côté, le socialisme allemand reconnaissait de plus
en plus sa propre vocation

そして、ドイツ社会主義は、自らの使命をますます認識
していった

on l'appelait à être le représentant grandiloquent de la
petite-bourgeoisie philistine

それは、小ブルジョアジーのペリシテ人の大げさな代表
として召された

Il proclamait que la nation allemande était la nation modèle,
et le petit philistin allemand l'homme modèle

それは、ドイツ国民を模範国家とし、ドイツの小ペリシ
テ人を模範とすると宣言した

À chaque méchanceté de cet homme modèle, elle donnait
une interprétation socialiste cachée, plus élevée

この模範的な男のあらゆる極悪非道な卑劣さに、それは
隠された、より高い、社会主義的な解釈を与えた

cette interprétation socialiste supérieure était l'exact
contraire de son caractère réel

このより高尚な社会主義的解釈は、その真の性格とは正
反対であった

Il est allé jusqu'à s'opposer directement à la tendance «
brutalement destructrice » du communisme

それは、共産主義の「残忍な破壊的」傾向に真っ向から
反対するという極端な長さにまで踏み込んだ

et il proclamait son mépris suprême et impartial de toutes
les luttes de classes

そして、すべての階級闘争に対する最高かつ公平な軽蔑
を宣言した

À de très rares exceptions près, toutes les publications dites
socialistes et communistes qui circulent aujourd'hui (1847)

en Allemagne appartiennent au domaine de cette littérature
nauséabonde et énervante
ごく少数の例外を除いて、現在(1847年)ドイツで流通し
ているすべてのいわゆる社会主義および共産主義の出版
物は、この汚らわしく活力に満ちた文学の領域に属して
います

2) Le socialisme conservateur ou le socialisme bourgeois
2) 保守社会主義、あるいはブルジョアジー社会主義

Une partie de la bourgeoisie est désireuse de redresser les griefs sociaux
ブルジョアジーの一部は、社会的不満を是正することを望んでいる

afin d'assurer la pérennité de la société bourgeoise
ブルジョアジー社会の存続を保障するために

C'est à cette section qu'appartiennent les économistes, les philanthropes, les humanitaires
このセクションには、経済学者、慈善家、人道主義者が属しています

améliorateurs de la condition de la classe ouvrière et organisateurs de la charité
労働者階級の状態の改善者と慈善活動の組織者

membres des sociétés de prévention de la cruauté envers les animaux
動物虐待防止協会会員

fanatiques de la tempérance, réformateurs de toutes sortes imaginables
禁酒狂信者、ありとあらゆる種類の穴と角の改革者

Cette forme de socialisme a, d'ailleurs, été élaborée en systèmes complets
さらに、この形態の社会主義は、完全なシステムとして作り上げられた

On peut citer la « Philosophie de la Misère » de Proudhon comme exemple de cette forme
プルードンの「ミゼール哲学」をその例として挙げてみましょう

La bourgeoisie socialiste veut tous les avantages des conditions sociales modernes
社会主義ブルジョアジーは、近代的社会条件のあらゆる利点を欲しがっている

mais la bourgeoisie socialiste ne veut pas nécessairement
des luttes et des dangers qui en résultent

しかし、社会主義ブルジョアジーは、必ずしも結果とし
て生じる闘争と危険を望んでいるわけではない

Ils désirent l'état actuel de la société, sans ses éléments
révolutionnaires et désintégrateurs

彼らは、革命的・崩壊的要素を差し引いた、現存する社
会状態を望んでいる

c'est-à-dire qu'ils veulent une bourgeoisie sans prolétariat

言い換えれば、彼らはプロレタリアートのいないブルジ
ョアジーを望んでいるのである

La bourgeoisie conçoit naturellement le monde dans lequel
elle est souveraine d'être la meilleure

ブルジョアジーは、自分が最高である世界を自然に思い
描く

et le socialisme bourgeois développe cette conception
confortable en divers systèmes plus ou moins complets

そして、ブルジョアジー社会主義は、この快適な概念を
、多かれ少なかれ完全なさまざまな体系に発展させる

ils voudraient beaucoup que le prolétariat marche droit dans
la Nouvelle Jérusalem sociale

かれらは、プロレタリアートが社会的新エルサレムにま
っすぐに行進することを強く望んでいる

Mais en réalité, elle exige du prolétariat qu'il reste dans les
limites de la société existante

しかし、現実には、プロレタリアートが既存の社会の枠
内にとどまることを要求する

ils demandent au prolétariat de se débarrasser de toutes ses
idées haineuses sur la bourgeoisie

かれらは、プロレタリアートに、ブルジョアジーに関す
るすべての憎悪に満ちた考えを捨て去るよう求めている

il y a une seconde forme plus pratique, mais moins
systématique, de ce socialisme

この社会主義には、より実際的ではあるが、あまり体系
的ではない第二の形態がある

Cette forme de socialisme cherchait à déprécier tout
mouvement révolutionnaire aux yeux de la classe ouvrière
この形態の社会主義は、労働者階級の目から見て、あら
ゆる革命運動を貶めようとした

Ils soutiennent qu'aucune simple réforme politique ne
pourrait leur être d'un quelconque avantage
彼らは、単なる政治改革は彼らにとって何の利益にもな
らないと主張する

Seul un changement dans les conditions matérielles
d'existence dans les relations économiques est bénéfique
経済関係における物質的存在条件の変化だけが有益であ
る

Comme le communisme, cette forme de socialisme prône un
changement des conditions matérielles d'existence
共産主義のように、この形態の社会主義は、存在の物質
的条件の変化を提唱しています

Cependant, cette forme de socialisme ne suggère nullement
l'abolition des rapports de production bourgeois
しかし、この社会主義の形態は、決してブルジョアジー
的生産関係の廃止を示唆するものではない

l'abolition des rapports de production bourgeois ne peut se
faire que par la révolution
ブルジョアジー的生産関係の廃止は、革命によってのみ
達成されうる

Mais au lieu d'une révolution, cette forme de socialisme
suggère des réformes administratives
しかし、この形態の社会主義は、革命ではなく、行政改
革を示唆している

et ces réformes administratives seraient fondées sur la
pérennité de ces relations
そして、これらの行政改革は、これらの関係の存続を基
礎としている

réformes qui n'affectent en rien les rapports entre le capital
et le travail

したがって、資本と労働の関係にいかなる点においても影響を与えない改革

au mieux, de telles réformes réduisent le coût et simplifient le travail administratif du gouvernement bourgeois

せいぜい、そのような改革は、ブルジョアジー政府の費用を軽減し、行政業務を単純化するにすぎない

Le socialisme bourgeois atteint une expression adéquate lorsque, et seulement lorsque, il devient une simple figure de style

ブルジョア社会主義は、それが単なる言論の形象になったときにのみ、適切な表現を獲得する

Le libre-échange : au profit de la classe ouvrière

自由貿易:労働者階級の利益のために

Les devoirs protecteurs : au profit de la classe ouvrière

保護義務:労働者階級の利益のために

Réforme pénitentiaire : au profit de la classe ouvrière

刑務所改革:労働者階級の利益のために

C'est le dernier mot et le seul mot sérieux du socialisme bourgeois

これはブルジョアジー社会主義の最後の言葉であり、唯一の真剣に意味された言葉である

Elle se résume dans la phrase : la bourgeoisie est une bourgeoisie au profit de la classe ouvrière

それは、「ブルジョアジーは労働者階級の利益のためのブルジョアジーである」という言葉に要約されている

3) Socialisme et communisme utopiques critiques

3) 批判的ユートピア社会主義と共産主義

Nous ne nous référons pas ici à la littérature qui a toujours donné la parole aux revendications du prolétariat

われわれはここで、つねにプロレタリアートの要求に声をあげてきた文学に言及しているのではない

cela a été présent dans toutes les grandes révolutions modernes, comme les écrits de Babeuf et d'autres

これは、バブーフや他の人々の著作など、すべての偉大な近代革命に存在してきました

Les premières tentatives directes du prolétariat pour parvenir à ses propres fins échouèrent nécessairement

プロレタリアートが自らの目的を達成しようとする最初の直接の試みは、必然的に失敗した

Ces tentatives ont été faites dans des temps d'effervescence universelle, lorsque la société féodale était renversée

これらの試みは、封建社会が打倒されつつあった普遍的な興奮の時代に行われました

L'état alors peu développé du prolétariat a conduit à l'échec de ces tentatives

当時のプロレタリアートの未発達な状態は、これらの試みの失敗につながった

et ils ont échoué en raison de l'absence des conditions économiques pour son émancipation

そして、彼らは、その解放のための経済的条件がなかったため、失敗した

conditions qui n'avaient pas encore été produites, et qui ne pouvaient être produites que par l'époque de la bourgeoisie

まだ生み出されていなかった諸条件、そして差し迫ったブルジョアジー時代によってのみ生み出されうる諸条件

La littérature révolutionnaire qui accompagnait ces premiers mouvements du prolétariat avait nécessairement un caractère réactionnaire

プロレタリアートのこれらの最初の運動に付随した革命的文学は、必然的に反動的な性格を持っていた

Cette littérature inculquait l'ascétisme universel et le nivellement social dans sa forme la plus grossière

この文学は、普遍的な禁欲主義と社会的平準化を最も粗雑な形で教え込んだ

Les systèmes socialistes et communistes, proprement dits, naissent au début de la période sous-développée

社会主義と共産主義の制度は、正しくはそう呼ばれているが、未発達の初期に出現した

Saint-Simon, Fourier, Owen et d'autres, ont décrit la lutte entre le prolétariat et la bourgeoisie (voir section 1)

サン・シモン、フーリエ、オーウェンらは、プロレタリアートとブルジョアジーの闘争を描いた(第1節参照)

Les fondateurs de ces systèmes voient, en effet, les antagonismes de classe

これらの制度の創始者たちは、実に階級対立を見ている

Ils voient aussi l'action des éléments en décomposition, dans la forme dominante de la société

彼らはまた、社会の支配的な形態において、分解する要素の作用を見ます

Mais le prolétariat, encore à ses débuts, leur offre le spectacle d'une classe sans aucune initiative historique

しかし、プロレタリアートは、まだその初期段階にあり、彼らに、いかなる歴史的主導権も持たない階級の見世物を提供している

Ils voient le spectacle d'une classe sociale sans aucun mouvement politique indépendant

彼らは、独立した政治運動のない社会階級の光景を見ている

Le développement de l'antagonisme de classe va de pair avec le développement de l'industrie

階級対立の発展は、産業の発展と歩調を合わせている

La situation économique ne leur offre donc pas encore les conditions matérielles de l'émancipation du prolétariat

したがって、経済状況は、プロレタリアートの解放のための物質的条件をまだ彼らに提供していない

Ils cherchent donc une nouvelle science sociale, de nouvelles lois sociales, qui doivent créer ces conditions

それゆえ、彼らは、これらの条件をつくりだす新しい社会科学、新しい社会法則を追い求める

l'action historique, c'est céder à leur action inventive personnelle

歴史的行為は、彼らの個人的な創意工夫の行動に屈服することである

Les conditions d'émancipation créées historiquement doivent céder la place à des conditions fantastiques

歴史的に作り出された解放の条件は、幻想的な条件に屈服することである

et l'organisation de classe graduelle et spontanée du prolétariat doit céder la place à l'organisation de la société

そして、プロレタリアートの漸進的で自発的な階級組織は、社会の組織に屈服することである

l'organisation de la société spécialement conçue par ces inventeurs

これらの発明者によって特別に考案された社会の組織

L'histoire future se résout, à leurs yeux, dans la propagande et l'exécution pratique de leurs projets sociaux

未来の歴史は、彼らの目には、プロパガンダと彼らの社会計画の実際的な実行に解決される

Dans l'élaboration de leurs plans, ils ont conscience de s'occuper avant tout des intérêts de la classe ouvrière

かれらは、かれらの計画の形成において、主として労働者階級の利益を気遣うことを意識している

Ce n'est que du point de vue d'être la classe la plus souffrante que le prolétariat existe pour eux

プロレタリアートは、最も苦しむ階級であるという観点からのみ、彼らのために存在するのである

L'état sous-développé de la lutte des classes et leur propre environnement informent leurs opinions

階級闘争の未発達な状態と彼ら自身の環境は、彼らの意見を知らせます

Les socialistes de ce genre se considèrent comme bien supérieurs à tous les antagonismes de classe

この種の社会主義者は、自分たちがあらゆる階級対立よりはるかに優れていると考えている

Ils veulent améliorer la condition de tous les membres de la société, même celle des plus favorisés

彼らは、社会のあらゆる構成員の状態を改善したいと願っています

Par conséquent, ils s'adressent habituellement à la société dans son ensemble, sans distinction de classe

それゆえ、彼らは階級の区別なく、社会全体にアピールする習慣があるのです

Bien plus, ils font appel à la société dans son ensemble de préférence à la classe dirigeante

いや、彼らは支配階級を優先することで、社会全体にアピールしている

Pour eux, tout ce qu'il faut, c'est que les autres comprennent leur système

彼らにとって必要なのは、他の人が彼らのシステムを理解することだけです

Car comment les gens peuvent-ils ne pas voir que le meilleur plan possible est le meilleur état possible de la société ?

なぜなら、可能な限り最善の計画が、社会の可能な限り最良の状態のためのものであることを、どうして人々が見落とすことができるのでしょうか?

C'est pourquoi ils rejettent toute action politique, et surtout toute action révolutionnaire

それゆえ、彼らはすべての政治的行動、特にすべての革命的行動を拒絶する

ils veulent arriver à leurs fins par des moyens pacifiques

彼らは平和的な手段によって目的を達成することを望んでいます

ils s'efforcent, par de petites expériences, qui sont nécessairement vouées à l'échec

彼らは、必然的に失敗する運命にある小さな実験によって努力します

et par la force de l'exemple, ils essaient d'ouvrir la voie au nouvel Évangile social

そして、模範の力によって、新しい社会的な福音への道を開こうとします

De tels tableaux fantastiques de la société future, peints à une époque où le prolétariat est encore dans un état très sous-développé

プロレタリアートがまだ非常に未発達な状態にある時代に描かれた、未来社会の幻想的な絵

et il n'a encore qu'une conception fantasmatique de sa propre position

そして、それはまだ、それ自身の立場についての空想的な概念しか持っていません

Mais leurs premières aspirations instinctives correspondent aux aspirations du prolétariat

しかし、彼らの最初の本能的な憧れは、プロレタリアートの憧れと一致している

L'un et l'autre aspirent à une reconstruction générale de la société

両者とも社会の全般的な再建を切望している

Mais ces publications socialistes et communistes contiennent aussi un élément critique

しかし、これらの社会主義と共産主義の出版物には、重要な要素も含まれています

Ils s'attaquent à tous les principes de la société existante

彼らは既存の社会のあらゆる原則を攻撃します

C'est pourquoi ils sont remplis des matériaux les plus précieux pour l'illumination de la classe ouvrière

それゆえ、それらは労働者階級の啓蒙のための最も貴重な資料に満ちている

Ils proposent l'abolition de la distinction entre la ville et la campagne, et la famille

彼らは、町と田舎、家族の区別の廃止を提案しています

la suppression de l'exercice de l'industrie pour le compte des particuliers

私人による産業の営養の廃止

et l'abolition du salariat et la proclamation de l'harmonie sociale

賃金制度の廃止と社会的調和の宣言

la transformation des fonctions de l'État en une simple surveillance de la production

国家の機能を単なる生産監督者に転用すること

Toutes ces propositions ne pointent que vers la disparition des antagonismes de classe

これらすべての提案は、階級対立の消滅のみを指し示している

Les antagonismes de classe ne faisaient alors que surgir

当時、階級対立は始まったばかりでした

Dans ces publications, ces antagonismes de classe ne sont reconnus que dans leurs formes les plus anciennes, indistinctes et indéfinies

これらの出版物では、これらの階級対立は、最も初期の、不明瞭で、未定義の形でのみ認識されている

Ces propositions ont donc un caractère purement utopique

したがって、これらの提案は純粋にユートピア的な性格のものです

La signification du socialisme et du communisme critiques-utopiques est en relation inverse avec le développement historique

批判的ユートピア的社会主義と共産主義の意義は、歴史的発展と反比例する

La lutte de classe moderne se développera et continuera à prendre une forme définitive

現代の階級闘争は発展し、一定の形をとり続けるであろう

Cette réputation fantastique du concours perdra toute valeur pratique

コンテストでのこの素晴らしい地位は、すべての実用的な価値を失います

Ces attaques fantastiques contre les antagonismes de classe perdront toute justification théorique

階級対立に対するこれらの幻想的な攻撃は、あらゆる理論的正当性を失うだろう

Les initiateurs de ces systèmes étaient, à bien des égards, révolutionnaires

これらのシステムの創始者は、多くの点で革命的でした

Mais leurs disciples n'ont, dans tous les cas, formé que des sectes réactionnaires

しかし、彼らの弟子たちは、いずれの場合も、単なる反動的な宗派を形成してきた

Ils s'en tiennent fermement aux vues originales de leurs maîtres

彼らは主人の元の見解をしっかりと保持しています

Mais ces vues s'opposent au développement historique progressif du prolétariat

しかし、これらの見解は、プロレタリアートの進歩的な歴史的発展に反対するものである

Ils s'efforcent donc, et cela constamment, d'étouffer la lutte des classes

それゆえ、彼らは階級闘争を鎮めようと努力し、それを一貫して行っている

et ils s'efforcent constamment de concilier les antagonismes de classe

そして、かれらは、一貫して階級対立を和解させようと努力する

Ils rêvent encore de la réalisation expérimentale de leurs utopies sociales

彼らはいまだに、自分たちの社会的なユートピアの実験的な実現を夢見ている

ils rêvent encore de fonder des « phalanstères » isolés et d'établir des « colonies d'origine »

彼らはいまだに孤立した「ファランステル」を創設し、「ホームコロニー」を設立することを夢見ている

ils rêvent de mettre en place une « Petite Icarie » – éditions duodecimo de la Nouvelle Jérusalem

彼らは「リトル・イカリア」、つまり新しいエルサレムの十二階版を建てることを夢見ています

Et ils rêvent de réaliser tous ces châteaux dans les airs

そして、彼らは空中にあるこれらすべての城を実現することを夢見ています

Ils sont obligés de faire appel aux sentiments et aux bourses des bourgeois

彼らはブルジョアジーの感情と財布に訴えることを余儀なくされている

Peu à peu, ils s'enfoncent dans la catégorie des socialistes conservateurs réactionnaires décrits ci-dessus

程度によって、彼らは上に描かれた反動的な保守社会主義者の範疇に沈む

ils ne diffèrent de ceux-ci que par une pédanterie plus systématique

それらは、より体系的な衒学によってのみこれらと異なります

et ils diffèrent par leur croyance fanatique et superstitieuse aux effets miraculeux de leur science sociale

そして、彼らは、社会科学の奇跡的な効果に対する狂信的で迷信的な信念によって異なる

Ils s'opposent donc violemment à toute action politique de la part de la classe ouvrière

それゆえ、彼らは労働者階級の側のあらゆる政治的行動に激しく反対する

une telle action, selon eux, ne peut résulter que d'une incrédulité aveugle dans le nouvel Évangile

彼らによれば、そのような行動は、新しい福音に対する盲目的な不信仰からしか生じ得ません

Les owénistes en Angleterre et les fouriéristes en France s'opposent respectivement aux chartistes et aux réformistes

イギリスのオーウェン派とフランスのフーリエ主義者は、それぞれチャーティストと「レフォルミスト」に反対している

Position des communistes par rapport aux divers partis d'opposition existants
既存の様々な反対政党に対する共産主義者の立場

La section II a mis en évidence les relations des communistes avec les partis ouvriers existants
第2節は、共産主義者と既存の労働者階級の諸政党との関係を明らかにした

comme les chartistes en Angleterre et les réformateurs agraires en Amérique
イギリスのチャーティストやアメリカの農地改革者など

Les communistes luttent pour la réalisation des objectifs immédiats
共産党員は当面の目標達成のために闘う

Ils luttent pour l'application des intérêts momentanés de la classe ouvrière
彼らは労働者階級の一時的な利益の執行のために闘う

Mais dans le mouvement politique d'aujourd'hui, ils représentent et s'occupent aussi de l'avenir de ce mouvement
しかし、現在の政治運動において、彼らはまた、その運動の将来を代表し、世話をします

En France, les communistes s'allient avec les social-démocrates
フランスでは、共産主義者は社会民主党と同盟を結んでいる

et ils se positionnent contre la bourgeoisie conservatrice et radicale
そして、彼らは保守的で急進的なブルジョアジーに対抗する立場をとっています

cependant, ils se réservent le droit d'adopter une position critique à l'égard des phrases et des illusions traditionnellement héritées de la grande Révolution

しかし、彼らは、大革命から伝統的に受け継がれてきた言葉や幻想に関して、批判的な立場をとる権利を留保する

En Suisse, ils soutiennent les radicaux, sans perdre de vue que ce parti est composé d'éléments antagonistes

スイスでは、彼らは急進派を支持しているが、この党が敵対的な要素で構成されているという事実を見失うことはない

en partie des socialistes démocrates, au sens français du terme, en partie de la bourgeoisie radicale

一部は民主社会主義者、フランス的な意味では、一部は急進的ブルジョアジー

En Pologne, ils soutiennent le parti qui insiste sur la révolution agraire comme condition première de l'émancipation nationale

ポーランドでは、民族解放の第一条件として農業革命を主張する政党を支持している

ce parti qui fomenta l'insurrection de Cracovie en 1846

1846年にクラクフの反乱を扇動した党

En Allemagne, ils luttent avec la bourgeoisie chaque fois qu'elle agit de manière révolutionnaire

ドイツでは、ブルジョアジーが革命的なやり方で行動するたびに、ブルジョアジーと闘う

contre la monarchie absolue, l'escroc féodal et la petite bourgeoisie

絶対君主制、封建的従者制、小ブルジョアジーに対して

Mais ils ne cessent jamais, un seul instant, inculquer à la classe ouvrière une idée particulière

しかし、彼らは一瞬たりとも、労働者階級に特定の考えを植え付けることをやめない

la reconnaissance la plus claire possible de l'antagonisme hostile entre la bourgeoisie et le prolétariat

ブルジョアジーとプロレタリアートの敵対関係を可能な限り明確に認識すること

afin que les ouvriers allemands puissent immédiatement
utiliser les armes dont ils disposent

そうすれば、ドイツ人労働者は、すぐに武器を使えるよ
うになる

les conditions sociales et politiques que la bourgeoisie doit
nécessairement introduire en même temps que sa
suprématie

ブルジョアジーがその優越性とともに必然的に導入しな
ければならない社会的および政治的条件

la chute des classes réactionnaires en Allemagne est
inévitable

ドイツにおける反動階級の没落は不可避である

et alors la lutte contre la bourgeoisie elle-même peut
commencer immédiatement

そうすれば、ブルジョアジーそのものに対する闘いが直
ちに始まるかもしれない

Les communistes tournent leur attention principalement
vers l'Allemagne, parce que ce pays est à la veille d'une
révolution bourgeoise

共産主義者が主としてドイツに注意を向けるのは、ドイ
ツがブルジョアジー革命の前夜にあるからである

une révolution qui ne manquera pas de s'accomplir dans des
conditions plus avancées de la civilisation européenne

ヨーロッパ文明のより進んだ条件の下で遂行されるに違
いない革命

Et elle ne manquera pas de se faire avec un prolétariat
beaucoup plus développé

そして、それははるかに発達したプロレタリアートによ
って遂行されるに違いない

un prolétariat plus avancé que celui de l'Angleterre au XVIIe
siècle, et celui de la France au XVIIIe siècle

17世紀にはイギリス、18世紀にはフランスよりも進んだ
プロレタリアートがいた

et parce que la révolution bourgeoise en Allemagne ne sera
que le prélude d'une révolution prolétarienne qui suivra
immédiatement

なぜなら、ドイツにおけるブルジョアジー革命は、その直後のプロレタリア革命の序曲にすぎないからである

Bref, partout les communistes soutiennent tout mouvement révolutionnaire contre l'ordre social et politique existant

要するに、共産主義者は、あらゆる場所で、既存の社会的、政治的秩序に反対するあらゆる革命運動を支持しているのである

Dans tous ces mouvements, ils mettent au premier plan, comme la question maîtresse de chacun d'eux, la question de la propriété

これらすべての動きにおいて、彼らは、それぞれの主要な問題として、財産の問題を前面に押し出します

quel que soit son degré de développement dans ce pays à ce moment-là

当時のその国の発展の度合いがどうであれ

Enfin, ils œuvrent partout pour l'union et l'accord des partis démocratiques de tous les pays

最後に、彼らはすべての国の民主政党の団結と合意のためにあらゆる場所で働いています

Les communistes dédaignent de dissimuler leurs vues et leurs objectifs

共産主義者は、自分たちの見解や目的を隠すことを軽蔑する

Ils déclarent ouvertement que leurs fins ne peuvent être atteintes que par le renversement par la force de toutes les conditions sociales existantes

彼らは、現存するすべての社会状況を強制的に打倒することによってのみ、その目的を達成できると公然と宣言している

Que les classes dirigeantes tremblent devant une révolution communiste

支配階級を共産主義革命に震え上がらせよう

Les prolétaires n'ont rien d'autre à perdre que leurs chaînes

プロレタリア階級は、その鎖以外に失うものは何もない

Ils ont un monde à gagner

彼らには勝つべき世界がある
TRAVAILLEURS DE TOUS LES PAYS, UNISSEZ-VOUS !
すべての国の働く男性、団結せよ!

www.tranzlaty.com

www.ingramcontent.com/pod-product-compliance
Lightning Source LLC
Chambersburg PA
CBHW011738020426
42333CB00024B/2946